我們曉得萬事都互相效力，

叫愛　神的人得益處，

就是按祂旨意被召的人。

（羅馬書八章28節）

Church 溯源追本

基督教會古今巡覽

吳國傑 著

基道出版社

時代論壇
CHRISTIAN TIMES LTD

▼
時代論壇書系

溯源追本

基督教會古今巡覽

Search for Origins

Past and Present of Christian Church

作者
吳國傑 Ng, Nathan K.K.

責任編輯
羅民威

裝幀設計
奇文雲海 · 設計顧問

■

聯合出版

基道出版社
香港沙田火炭坳背灣街 26 號
富騰工業中心 1011 室
LOGOS PUBLISHERS
Unit 1011, Fo Tan Ind. Centre,
26 Au Pui Wan St., Shatin, Hong Kong
電話：(852) 2687-0331 傳真：(852) 2687-0281
網址：http://www.logos.com.hk

基督教時代論壇週報
香港九龍旺角彌敦道 602-608 號
總統商業大廈 19 樓 B 座
CHRISTIAN TIMES
Room B, 19th Floor, President Commercial Building,
602-608 Nathan Road, Mongkok, Kowloon, Hong Kong
電話：(852) 2785-7688 傳真：(852) 2785-8335
網址：http://www.christiantimes.org.hk

發行
基道出版社

承印
陽光印刷製本廠

●

10/2007 初版
Cat. No. LP237A
ISBN: 978-962-457-338-1

刷次	11	10	9	8	7	6	5	4	3
年份	2023	2022	2021	2020	2019	2018			

序言

在華人基督教圈子裏，教會歷史素來不受重視。筆者深感此科目對造就與建立現代信徒的重要，故回應從神而來的召命，努力以華文著作，推動本地教會歷史的研究。筆者二〇〇五年出版的《真貌重尋：教會歷史研究導引》，以具一定教會歷史程度、有志進深研究者為對象，目的是要培訓專才，提升華人教會史學研究的水平。二〇〇六年出版的《奠基立柱：初期教會縱橫談》，則以一般教牧同工、神學生和平信徒領袖為對象，以簡潔的文字和圖表，概要介紹基督教成立初期各方面的發展。本書內容進一步將教會歷史知識大眾化，以獨立短文形式，將今日華人教會種種傳統和現象的歷史源流，呈現於讀者眼前。

本書共收專題短文五十二篇，分六大部分。第一部分「歷史價值」簡要解釋研讀教會歷史對現代基督徒的意義。第二部分「信仰教義」逐一闡述各主要教義的歷史緣由，從而指出其真正含意。第三部分「傳統禮習」講解各主要禮儀、節期和傳統的歷史演變，它們都是現今基督教會普遍持守的。第四部分「宗派組織」巡覽當今各主要宗派的起源與擴展，認識其來華、來港經過。第五部分「華人教會」焦點集中在中國和香港的教會羣體，扼要講論其關鍵發展。最後，第六部分「現代議題」，嘗試藉歷史回顧為流行議題引入亮光，展示教會歷史研究的具體應用。除第一部分只載兩篇外，其餘皆各有文章十篇。

為擴闊讀者羣，讓更多主內肢體明白教會歷史研究的意義，筆者於去年初主動聯絡基督教時代論壇有限公司，要求以系列形式連續刊載文稿。得蒙恩典，《論壇》特為此開設〈溯源追本〉專欄，讓五十二篇專文可以按期逐一出版。與已經刊登的文章比較，本書內容有三個主要分別：

1. 由於《時代論壇》每期篇幅有限，原來文稿多需經過刪節才得刊登；而本書刊載的皆為未經刪節的原來文本，因此內容略較詳盡。
2. 文章於《論壇》出版後，曾有多位讀者傳來電郵作出回應；經過詳細考究，筆者認為部分回應值得參考，故將文章內容稍作修訂，使之更趨完美。
3. 在寫作過程中，發現有部分主題略為複雜，需要以較長篇幅敘述和討論；由於字數超出太多，無法妥善刪節，故改以上、下篇形式分兩期出版。因著這種安排，為期一年的專欄只能刊載文章四十一篇；也就是說，本書有十一篇是未經刊登的全新文稿，集中在「現代議題」部分內。

最後要藉此機會，多謝基督教時代論壇有限公司和基道出版社聯手為本書進行編輯、印製和發行等繁複工作，使本書得以面世。多謝香港浸信會神學院提供舒適、美好的研究環境，讓我可以專心寫作。多謝《時代論壇》文章出版後，給我提供寶貴意見的每位主內肢體。又多謝太太李彩裳的支持和體諒，打理家庭細務，叫我無須因此而煩擾。末了還要多謝那位呼召我投身事奉、委身寫作的三一真神，若不是祂的允許，本書絕對不能完成，願榮耀、頌讚全歸於祂！

吳國傑
香港浸信會神學院
二〇〇七年六月

目錄

第三部分：傳統禮習

第四部分：宗派組織

第五部分：華人教會

第六部分：現代議題

第一部分

歷史價值

本部分共收文章兩篇，第一篇重點解釋教會歷史研究對現代基督徒的意義，第二篇討論教會處理傳統習慣應有的態度和原則。盼望讀者能藉此體會回溯歷史的重要價值，去除不必要的障礙，培養興趣，繼續研讀本書餘下部分。

教會歷史 與我何干？

1

過往華人教會多只重視新約，近十數年間一羣舊約學者齊心呼喚，全面研讀聖經的觀念才得普及。然而，若要整全認識基督教信仰，明白今日教會的種種現象，相信還需多一項條件——妥善認識教會歷史。若說逾千年的舊約事迹是樁柱，耶穌基督這聖道是根基，新約使徒的見證是地下大堂，那我們現代教會在哪裏？若一世紀等於一層，我們在二十一樓！中間隔著許多世代的教會歷史，是「基督宗教」這巨型建築不可缺少的；沒有中間的二十層發展，就沒有今日的教會。試問今日基督教的權威正典和正統教義如何形成？基督教、天主教、東正教等分支因何產生？這都非從天而降、瞬間即達，而是經年累月、逐步發展，惟有在教會歷史裏才能找到其中真諦。總括而言，教會歷史對我們現代基督徒最少有以下四方面意義。

認識自我

心理輔導查探個人問題，多要追索其過往經歷；教會若要妥善面對當前現況，回顧歷史非常重要。沒有人會甘於對自己的過往懵然不知，被遺棄的孤兒要尋回父母，患失憶的病人想追憶往事；對基督徒來説，要尋找自身羣體的根源，研習教會歷史是不二法門。基督宗教因何會發展成今日光景？浸信會、宣道會、信義會、播道會等不同宗派如何產生？各宗派因何有監督制、長老制和會眾制等不同架構？老一輩教會領袖因何如此抗拒靈恩運動？香港教會為何多反對二十三條立法？這些問題全可在教會歷史裏找到解答。

鑑古知今

人生智慧，需要從成長經驗裏一點一滴累積；如此才能脱離孩童時期的無知，逐步邁向成熟。教會歷史就是信徒羣體的成長經歷，已積存二千年的智慧；教會若忽略這豐富寶藏，就難免要付上沉重代價，重蹈覆轍。今日信徒仍為靈恩運動爭議不休，可知初期教會早有聖靈恩賜和啟示的追求！在掙扎採用傳統聖詩還是現代短歌時，為何不參考五世紀初奧古斯丁（Augustine of Hippo）就崇拜音樂意義所作出的反思？近年流行的細胞小組和G12小組，其實與十八世紀約翰衛斯理（John Wesley）的牧養模式相當類似。昔日教會的成敗得失，實有許多值得今日信徒借鏡的地方。

信仰基礎

基督宗教的一切基要教義，全都在教會歷史裏孕育和奠定；基督徒若不細察其發展因由，就決不能真正掌握當中意義。華人教會一直重視聖經，但聖經正典和權威如何落定？初期教會文獻眾多，宣稱屬使徒的也有不少，為何單選現有的二十七卷新約？不容否認，這是信仰羣體經過漫長爭議才能得出的結果；就是「唯獨聖經」這宣認，也是教會歷史的產物。此外，今日教會持守的許多教義信條，不論普世性還是宗派性，如《尼西亞信經》、《威斯敏斯特信條》等，皆有其歷史成因。基督徒若不研讀教會歷史，就很難全面認識自身的信仰基礎。

啟示真神

神是歷史的主宰，祂的手一直不停地在地上工作；因此，歷史充滿祂動工的痕迹，屬神子民的歷史更是祂大能彰顯的重心。昔日在舊約以色列人當中，神施展大能的拯救，又加以沉痛的責罰，彰顯祂的公義和管教。今日教會從初期備受壓迫的小教派，成為世界最大宗教，亦見證神的大能和保守；信徒羣體屢次低落腐敗，又一再更新復興，也反照神的恩典和引導。從教會歷史，我們可看到種種神的作為和屬性。個別信徒先賢的許多真實事迹、感人見證，更是引導人認識真神，吸引人悔改歸主的良好材料。

2 傳統習慣
是珍寶還是負累？

每一個曾經歷歲月的羣體組織，皆有一定的傳統習慣，反映團體的共通價值取向，規範彼此間的相互關係，並導引個別成員的行為表現。傳統習慣的形成，是羣體長時間對內對外互動適應的結果，能在既定架構制度下，平衡各方意見，因此一般有相當的穩定性和執著性。這種傳統習慣乃在人際磨合中自然產生，能有助維持團體和諧合一，使之流暢運作。不論察覺與否，這些傳統習慣確已存在，問題是願否接納、是否可取而已。優良的傳統不單無礙發展，還能引導羣體穩步前進；相反，不良的習俗卻可造成諸般障礙，使努力事倍功半。

教會傳統習慣的產生，除信徒羣體的本身素質外，一般亦有很強的歷史經驗誘因。傳統習慣對於教會的意義，跟成長背景對於個人的影響相近，既可以是珍寶，也可以是負累，關鍵在於面對的態度和表現。一個曾經戀愛失敗的人，可以因此而抗拒異性，懼怕婚姻；也可由此學會與異性相處，為下一段愛情鋪路。同樣，一間曾經歷創傷的教會，可以因此一蹶不振，也可從失敗中學習，化痛楚為力量。因此，重要的不是盲目否定往昔源流，而是善加利用，將可能的負累化為珍寶。以下是幾點原則性的建議：

參考而不受制

傳統習慣乃過往經驗累積而成，是前人的智慧所在，因此具有一定參考價值。然而若不問時代轉變，環境順逆，只顧死守傳統，就很容易成為未來發展的障礙。就如一個強調天生天養，成功培育幾個出色孝子的祖父母，其教養經驗定能為時下慣於嬌寵子女的年輕夫婦帶來亮光；但若將他們的模式一成不變地在現今這百般誘惑的社會裏使用，那就可以是災難的起頭。同樣，教會先賢過往的成敗經驗，並由此塑造的傳統習慣，如曾大大改進信徒質素的主日學制度，曾吸引多人歸主的街頭佈道方式，確有參考價值。但我們必須善加消化，取其精義，與時代配合；不要墨守成規，自我限制。

正視而不逃避

一個人的個性表現，不論好壞，皆有其成長背景影響；要確切認識個人的性格，妥善處理其中盲點，最好的方法是回溯過往傷痕，加以醫治。筆者認識一位長者，非常節儉，雖然有錢，還是節衣縮食；究其成長，原來他曾經歷頗長時期的困苦，甚至要吃樹皮過活。這了解讓我對他的體諒多了，由此也能針對他的擔憂加以勸慰。同樣，教會傳統的形成必有其背景，要妥善面對，就要先了解其歷史。不少備受批評的傳統習慣，如浸信會早年在整體基督教界的不合羣表現，都有一些被長久埋藏的歷史包袱，包括浸信宗先賢當年被其他宗派逼迫的痛苦經歷等。惟有多去認識歷史，加以正視，才能有適切的態度解決問題。

成長而不退後

過往歷史無法改變，傳統習慣也必會形成，即使加注新思維改革現有風氣，結果也只是建立一個新的傳統而已。當年改教家大刀闊斧革新中世紀教會陋習，隨之而生的多個新教宗派，不是很快又各自建立起自己的傳統嗎？因此對傳統習慣應有的態度，不是逃避或否定，而是要主動改善和修正；在既有的歷史背景下，引導信徒羣體以正確態度建立優良傳統。其中最重要的是有明確清晰的發展方向，使教會更合乎聖經，更能討神喜悅；並以此評估各現有傳統的優劣利弊，加以調節，務求讓教會朝正確方向不斷成長邁進，不受妨礙。

第二部分

信仰教義

此部分有文章十篇。首兩篇概述被教會視為權威的聖經正典，兩約究竟從何而來？隨後兩篇進一步探討教會的信仰基礎，使徒遺傳下來的真正權威究竟是甚麼？五至七篇詳細討論三個分別涉及神論、基督論和教會論的議題，全部都是歷代教會持守的基要教義。最後三篇集中探討宗教改革三個唯獨的信仰精神，這三項堅持就是構成天主教與基督新教分歧的關鍵鑰匙。

舊約經目 1

何來三十九卷？

為要擺脱中世紀教廷的歪曲傳統，返回主耶穌經眾使徒所留下的純正教導，自從宗教改革以來，「唯獨聖經」便成為基督新教羣體的共同信仰體認。不論神學教義、敬拜禮儀、架構體制、生活規則，教會均以舊約和新約兩部分組成的聖經，作為最高的權威標準。既是這樣，基督徒可否單看聖經，完全不接觸教會歷史？斷然不可！要知道聖經正典不論舊約或新約、編撰或組合，皆在教會歷史裏形成；即使詮釋方法，也曾在歷史裏經歷長久演變。可以説沒有昔日的歷史發展，就沒有今日的聖經觀、啟示觀。本文嘗試簡要地介紹舊約正典的形成過程，至於新約聖經，則會在下一篇文章中交代。

猶太教希伯來文聖經的組成

雖然早於摩西時期以色列人已有文獻寫成，但他們並沒有以這些著作為信仰權威，更莫説以之為生活行為的規準。就是先知的信息，所強調的也主要是與神立約的關係，而非律法上的條文。古代文獻被視為神聖權威，首見於約西亞王的宗教改革（王下二十二 3-13）；此後於以斯拉、尼希米被擄歸回時期再次獲得肯定（尼八 1-8）。雖然猶太希伯來文聖經的內容，與現代基督新教的舊約相同，但編排、次序和分類則有頗大差異；它只有二十四卷，共分三部分，順序為律法書、先知書和聖卷：

1. 律法書是猶太教最早期、最權威的經卷，包括創世記、出埃及記、利未記、民數記和申命記共五卷。
2. 先知書又分前先知和後先知書；前先知書以歷史為主，包括約書亞記、士師記、撒母耳記和列王紀四卷；後先知書集結信息宣告，分有以賽亞書、耶利米書、以西結書和十二先知書四卷。
3. 聖卷包含餘下典籍，地位較低；編排順序是詩篇、約伯記、箴言、路得記、雅歌、傳道書、耶利米哀歌、以斯帖記、但以理書、以斯拉—尼希米記、歷代志，共計十一卷。

在耶穌時代，並教會成立之初，猶太教正典的聖卷部分尚在形成階段；由於分界模糊，此時不少次經、偽經均曾被引為權威，新約猶大書14節就是源自以諾壹書一章9節的記載。在主耶穌和使徒的言訓著作裏，希伯來文聖經差不多全以「律法和先知」（太七 12、徒十三 15、羅三 21）表示，惟一有三個名稱並列的是

「摩西的律法、先知的書和詩篇」（路二十四 44），聖卷部分只得一卷。整全的希伯來文聖經，要到公元二至四世紀才逐步在拉比會議中形成；時至今日，猶太教徒仍以此經目為其正典規範。

基督教舊約聖經正典的發展

因著往時基督教跟猶太教的敵對關係，初期教會沒有接納拉比會議所制定的正典。在現存的文獻典籍中，最早一份基督教舊約經目，可見於優西比烏（Eusebius of Caesarea）轉載，教父墨利托（Melito of Sardis）二世紀末的一封書信，當中的分類和編排與猶太教有明顯分別，內容也不見以斯帖記。在四世紀教父亞他拿修（Athanasius of Alexandria）列出首份整全新約經目的同時，他的舊約同樣沒有以斯帖記，卻編收了巴錄書和耶利米書信。後期的教父領袖，大多對見於七十士譯本的次經抱持正面接納態度；直到如今，羅馬天主教仍將多卷次經保留在她們的聖經之中。基督新教現時流行的聖經書卷編排（排拒次經、共三十九卷的舊約正典），乃始自宗教改革；當時改教家為重尋信仰真道，糾正教廷謬誤，遂放棄有被歪曲之嫌的希臘文七十士譯本和拉丁文武加大譯本，在內容和範圍上溯源到最原始的希伯來文本；惟編排、次序和分類則繼續沿用教會傳統的模式。

2 新約經目

為何只有這二十七卷？

跟舊約相同，現今基督教會廣泛採用的新約聖經，乃經歷數百年光陰才得逐步形成。新約書卷寫成之初，除約翰的啟示錄外，全部均沒有以權威典籍自居。雖說一世紀末、二世紀初的使徒教父著作，已見將一些新約書卷與舊約正典並列參考，用以解釋信仰立場，導引牧養方向；但它們並未被視為神聖典籍。

新約聖經概念的產生

新約書卷中，最先獲譽為「聖經」的是福音書，時為二世紀中。二世紀末里昂主教愛任紐（Irenaeus of Lyons），是已知首位採用「舊約」和「新約」兩個名詞，來區分傳統猶太教與新興基督教經卷的初期教父。這種分類很快便獲得早期教會廣泛採納，新約經卷遂此成為與舊約具同等地位的權威典籍。

促使信徒羣體揀選並制定新約經目的，主要是教會內部的異端困擾。因著基督信仰與傳統猶太、希羅宗教的張力，教會自成立之初，即有許多異端湧現。其中活躍於二世紀中的馬吉安主義（Marcionism），否定一切猶太律法傳統，只接受經修訂的路加福音和十卷保羅書信；另一邊廂，同期的孟他努主義（Montanism）則在公認的書卷以外，另添其他先知著作為正典。為保守正統信仰，教父們遂開始擬訂新約經目，以正視異端教派擅自增減經卷的問題。

新約經目的形成過程

現存的早期新約經目不多，其中源流最古老的是〈穆拉多利經目〉（Muratorian Canon）；這經目附載於八世紀的一份拉丁文獻中，原來的希臘文稿可追溯到二世紀末。經目內容與現代通用的新約聖經相近，惟缺少了希伯來書、彼得前書、彼得後書和約翰三書，並額外多了彼得啟示錄和所羅門智訓。

新約經目較決定性的發展，來自四世紀初優西比烏（Eusebius of Caesarea）的篩選。皇帝君士坦丁（Constantine）的歸信，使基督宗教廣受歡迎；在遷都時，他要求優西比烏抄寫、整理五十本聖經，好在君士坦丁堡使用。這個獲皇室官方採用的版本，很快便成為新約正典的參考藍本。當中優西比烏將教會常用經卷分成三類：「正典」包括四福音、使徒行傳、十三封保羅書信、約翰一書和彼得前書；「爭議」書卷有希伯來書、雅各書、彼得後書、約翰二書、約翰三書、猶大書和啟示錄；另有「偽著」如《彼得啟示錄》、《十二使徒遺訓》等多卷。

現存首份與現代新約聖經相同的經目，可見於亞他拿修公元三六七年的第三十九篇復活節文告，經卷順序為四福音、使徒行傳、大公書信、保羅書信、啟示錄。雖然次經的認可此時仍具爭議，但受影響的主要仍集中於舊約；新約組合自此似乎已見共識。三八二年羅馬主教達瑪蘇（Damasus）主持的地區會議，三九七年深受奧古斯丁影響的迦太基會議，以至天特會議一五四六年的議決，皆在接納次經的同時，詳列了與現代聖經相同的新約經目；此新約正典經宗教改革家們採納，一直在基督新教沿用至今。

新約正典的選取原則

初期教會並沒有留下任何紀錄，解釋他們篩選新約正典的原則。惟源自使徒似是最關鍵的元素。雖說馬可福音、路加福音和希伯來書等並非直接出自使徒手筆，但早期信眾普遍認同其資料乃分別來自彼得和保羅。此外，教義純正亦是重要的考慮，著作是否與其他已獲確認的經典和諧協調，思想教導有否偏差，往往會成為判辨其真偽的標準。最後，經卷在不同時代、不同地區的認受性，亦是不容忽視的參考；正典經卷必須能經歷時間考驗，並為絕大多數教會接納。

使徒統緒 3

基督教與天主教的理解如何不同？

自耶穌離世升天，獲主特別選召差派，一直跟從祂的十二使徒，很快便成為教會羣體公認的屬靈領袖。雖說耶路撒冷教會的領導地位，曾一度轉至耶穌的兄弟雅各身上，但後世的基督徒羣體，皆以彼得為首的使徒，為基督信仰的真正權威。使徒統緒（Apostolic Succession）意指源自使徒，職能和信念於歷史中世代相傳，它一直是教會高舉的權柄來源。使徒統緒歷來有兩種傳遞方式，就是領導職能和信仰教義的傳承。

領導職能的傳承

使徒保羅在他傳道晚期曾寫道：「我從前留你在克里特，是要你將那沒有辦完的事都辦整齊了，又照我所吩咐你的，在各城設立長老。」（多一 5）使徒行傳記載眾使徒曾在各地按立監督、長老和執事，這裏年老的保羅又囑咐同工提多延續這授任教會領袖的工作。雖有證據顯示，最早期的信眾普遍重視較有屬靈恩賜的先知和教師，多於這些受按立的監督或長老，但情況很快便有所改變；到一世紀末，監督和長老在教會的領導地位，已完全獲得確立。

監督（主教）和長老所以能成為公認的教會領袖，皆因他們得使徒或其承繼者按立，擁有使徒統緒。值得留意，最早期的使徒統緒並不限於監督，而是廣泛賦予所有受按立的聖職。到二世紀初，當主教被突顯成為地方教會的單一領袖，使徒統緒才逐漸限制在主教這職分上。不過早期所有教父，包括希坡律陀（Hippolytus）和居普良（Cyprian）等，均沒有將使徒統緒限制在任何一位或一處主教身上，而是相信這是所有正統主教共同擁有的。

信仰教義的傳承

在臨終前，保羅曾勸告提摩太：「你在許多見證人面前聽見我所教訓的，也要交託那忠心能教導別人的人。」（提後二 2）面對初期教會許多異端思潮的衝擊，使徒們一再強調任何有違當初所傳的，皆屬可咒詛的；基督徒要竭力保衛信仰，持守真道（加一 8、提前六 20、約壹二 24）。為使正統教義得以延續，保羅在此勸勉提摩太，要將真道交付給那些能忠實地將信仰繼續傳遞後世的人。

自教會成立初期，使徒的教誨即被視為權威。他們是耶穌基督的入室弟子，是祂生平事迹的重要見證人，是祂言訓教導的主要承繼者；因此使徒的記事和著作，會在各地教會廣泛傳閱，且被收集而成正典。每當出現神學分歧，使徒的教導皆會被搬出來審視和討論，作為判辨對錯的標準。雖説早期教會有關使徒的傳言和資料不少，但最廣受認許和接納，並得原好保存的，當首選今日仍廣為教會採用的新約正典。

天主教與基督教的對比

天主教和基督教均宣稱本身擁有使徒統緒。天主教強調的是領導職能的傳承，他們聲稱彼得是羅馬教會首任主教，其權柄藉按立代代相傳，羅馬教宗是使徒統緒的惟一承繼者。然而按照現存史料，彼得生前從未擔任羅馬主教；愛任紐和四世紀初著名教會史學家優西比烏，均一致見證利奴（Linus）才是羅馬教會首任主教。此外如前所述，早期教會從未將使徒統緒限制在某一主教之上，指這權柄是羅馬教宗獨有之説，實為後人竄加。相對地，基督教強調的是信仰教義的傳承。在十六世紀改教之時，教會教義已嚴重偏差，信徒廣受愚弄；因此改教家高呼「唯獨聖經」，以原初使徒留下的教導為真正權威，誓要重回正確的信仰之上。

信仰教義與領導職能的傳承，哪個較重要？自始，前者即被視為高於後者。三世紀初教父特土良

（Tertullian）曾宣告：「今日教會所宣講的，乃來自使徒的基礎，任何與之不同的其他教導，皆不能獲接納為具有使徒性。」即使主教領袖提出的見解，若與傳統信仰不符，均要遭受譴責排斥。

使徒信經 4
真的來自使徒？

《使徒信經》（*Apostles' Creed*）按原文直譯，是「我信上帝，全能的父，天地的創造主；並信我主耶穌基督，祂的獨子，因聖靈感孕，由童貞女馬利亞所生，在本丟彼拉多手下受難，被釘於十字架，受死及埋藏，降在陰間，第三天從死人中復活，升天，坐在全能父上帝的右邊，將來必從那裏降臨，審判活人死人；我信聖靈，聖而公之教會，聖徒相通，罪得赦免，身體復活，並且永生。阿們！」這信經在現代教會廣受尊崇，被視為正統信仰的權威基準。然而此信經是否真的源自使徒？至今仍具爭議。

《使徒信經》的淵源

《使徒信經》這名稱首見於主後三九〇年米蘭會議給羅馬主教西瑞修（Siricius）的信函。此後信經一直在西方教會流傳，被視為直接出自十二使徒手筆。主後五世紀初魯非諾（Rufinus）聲稱，五旬節後眾使徒受感四出傳道，這信經乃他們臨分散時所草擬，以免因南北相距而傳講了不同信息。此後，西方拉丁教會更有傳說流行，指信經乃由聖靈感動，十二使徒各獻一句所組成。雖然傳說缺乏史料根據，但見解卻為許多中世紀信徒堅信接受。

到了十五世紀，傳統有關信經直接源自使徒的傳說才開始受到質疑。在一四三八年的佛羅倫斯會議（Council of Florence）上，當拉丁教會提出《使徒信經》時，希臘教會表示對這信經一無所知。此後，有關這信經源起的傳統典故便不斷受到挑戰。時至今日，大部分學者均不再接受昔日由使徒各獻一句的解釋，只視之為無稽傳說，不足置信。

《使徒信經》的發展

「信經」原文意思是「我信」，是基督徒羣體對所信真道的宣認，以簡潔語句道出其信仰核心。當腓利為埃提阿伯太監施浸時，太監回應：「我信耶穌基督是神的兒子」（徒八 37），這便是最早期的認信內容。此後為確保信仰正確，認信條文不斷擴充，且於各地教會逐漸定型，而為所有入教者必須宣認的信經。由於各地教會基本上獨立自主，早期的信經未見統一。現存歷史文獻記載有三世紀羅馬教會的信經，亦有四、五世紀的該撒利亞、亞歷山太、耶路撒冷和安提阿教會的信經，它們的內容雖不相違，但重點和用詞均各有不同。

根據文本分析，學者普遍相信《使徒信經》是源自古時羅馬教會的認信文。然而，兩者的內容和用詞仍有一定差距。在信經漫長的發展過程中，一些原來沒有的語句，包括「天地的創造主」、「受難」、「降在陰間」、「聖徒相通」、「罪得赦免」和「永生」等，緩緩被逐一添上。而今日流行整全的信經版本，要在八世紀本篤會修士柏米紐斯（Pirminius）的修道手冊裏，才首度出現。因九世紀初查理曼（Charlemagne）大帝曾下詔採用，這標準版本的信經才通行全地，延續至今。

《使徒信經》的評估

從歷史發展角度看，指《使徒信經》直接出自十二使徒之說，實難以成立。縱然如此，此信經對基督教會來說仍具相當價值。正如多位現代神學家如巴特（Karl Barth）、潘寧博（Wolfhart Pannenberg）、麥格夫（Alister McGrath）等極力指出，這信經每段認信均可從聖經找到支持，是使徒所傳遞的基督信仰，經過千錘百煉後的精髓，因此某程度上仍可說是源自使徒。

相比其他信經及信仰宣言，《使徒信經》確具其獨有特色和地位。它是其中一個最古遠、最原始的羣體認信，許多後期制定的信經、信條均以之為依據。它是眾多公認信經中最簡短、最概括的一個，沒有為回應某些異端思想而刻意強化，內容平衡精要。此外，它亦是最廣為各教會羣體肯定支持的信經；羅馬天主教視之為權威，創始基督新教的改教家視之為信仰標準，東正教亦不反對其內容。為此，一九二七年在洛桑舉行的世界信仰與教制大會（World Conference of Faith and Order），東西方教會領袖雲集，開幕禮上眾人同誦的就是這《使徒信經》；其在普世教會裏的崇高地位於此可見。

三位一體 5
《尼西亞信經》如何奠定？

三位一體是基督教信仰中，一個非常重要的教義；然而，其在歷史中的落定，卻要經歷許多激烈爭議、走過不少崎嶇路途才得成就。舊約律法清楚表明耶和華神是獨一的，除祂以外不可有別的神（申六 4）。然而，主耶穌自傳道之初，即以神蹟大能顯明自己的神性本質，且自稱與父「原為一」（約十 30）。那麼，聖子與聖父究竟有何關係？若兩位皆是神，耶和華又如何獨一？為堅守神的獨一性，異端伊便尼主義（Ebionism）否認耶穌是神，撒伯流主義（Sabellianism）則視父、子、靈為同一位神的不同顯現。然而經過許多討論，反覆研究聖經，初期教會到三世紀已普遍相信聖子有別於聖父，兩者同具神性，且彼此合一。問題是子受父所差派，祂們的神性是否完全相同，還是有高下之分？

亞流主義的爭議

促成三位一體教義的落定，是四世紀初展開的亞流主義（Arianism）爭議。在主後三一八至三二〇年間，亞歷山太城主教長亞歷山大（Alexander of Alexandria）公開宣告聖子永恆與父同在的觀念；當地長老亞流（Arius）卻提出反對。亞流的進路基本上是邏輯哲學性的，其見解可歸納為三點：

1. 曾經有一時間子不存在；
2. 子是從無被造的；
3. 因子乃受造存有，不像父神般擁有永恆本質，子也不能確切認識父。

亞歷山大隨即回應，召開主教會議譴責亞流，判他有罪。然而亞流亦不甘示弱，他找來多位同門如尼科美底亞的優西比烏等起而反抗。

主後三二五年的尼西亞會議，亞歷山大領導的正統派初獲勝利，編訂了著名的《尼西亞信經》（*Nicene Creed*）。然而會議結束後不久，亞流派人士在政治上取得優勢；藉著偏好亞流主義的皇帝君士坦丢（Constantius）之助，亞流派成功罷黜、迫害多位正統派主教，亞歷山大的繼任人亞他拿修更遭五次放逐。時移勢易，君士坦丢離世後，亞流派的勢力逐漸消失瓦解。在正統派主教的聯合努力下，《尼西亞信經》終於在主後三八一年的君士坦丁堡會議上再獲肯定，且被擴充以回應各種新思潮的挑戰。

《尼西亞信經》的真義

《尼西亞信經》是今日最廣受基督宗教羣體接納的教義條文之一，不論天主教、東正教或基督新教均奉之為信仰權威。然而其內容究竟有何特色？真正意涵為何？若非對其歷史背景有一定認識，就不能確切了解。這信經是在亞流主義的挑戰下由正統派擬定，目的自然是要否定敵對者那視耶穌基督為受造次等神的觀念。

根據現存歷史資料，信經是以《古該撒利亞信經》為藍本，此信經原本已有「獨生子」、「出於神而為神」等給主耶穌的描述。然而在亞流主義的思想中，「受生」基本上可理解為「被造」，兩詞同義；基督雖為受造存有，但卻得父提升重用而為創造者與救贖者，因此某程度上也可稱為神。因此原信經對排拒亞流思想可謂全無功用，兩派皆可按一己立場自行解釋和協調。為此正統派特意加入了數個條文，而成為《尼西亞信經》的精髓所在。首先，在原來「上帝的獨生子」的形容詞「獨生」以後，添上「在萬世以前為父所生」，顯示加入條文目的是要訂明基督如何被生。在當時流行的世界觀中，宇宙萬物有三個可能來源：出自父神的本質、源自另一永恆物質或是從無受造；在亞流派選擇最後一個之時，信經聲明應是最前那個。此外，正統派又在「出於光而為光」後面，插入「出於真神而為真神，受生而非被造，與父一體」數句，以除敵對者狡辯的機會。

根據《尼西亞信經》，子除了是受生外，所有特質均與父相同，兩者有同等神性、同等尊榮。由於初期教會一直相信，子與靈的關係跟父與子相類，子既與父同質，靈也相應地與父及子同質；由此便產生「三位格、一本質」的三一程式。

神人二性 6

《迦克墩信經》當如何理解？

與三位一體教義同樣重要又難以理解的，是主耶穌的神人二性。基督教與昔日猶太教和希羅異教的主要分別，在於對耶穌身分和職事的認同。然而由於這方面的教義與傳統信仰格格不入，於是便在神學思考過程中，產生許多異端。這些異端驅使教父領袖作出回應，逐步制定正統教義，其成果終表達於主後四五一年協議的《迦克墩信經》（*Chalcedonian Creed*）之中。

基督論異端的爭議

對早期基督徒來說，耶穌的本質確實是個謎。作為一個人，祂怎可能同時具有神性？其神性與父是否相同？其人性與我們又有否兩樣？神和人兩種本性究竟如何結合？為理性地解釋這超越當時人想像範圍的奧祕，以下四個異端相繼出現：

1. 亞流主義（Arianism）：亞流爭議的既是三位一體

的問題，同時又包含耶穌神人二性的掙扎。神和人怎可結集一身？亞流主義的答案是否定耶穌有完全神性，祂沒有永恆神性，而是受造存有，與我們世人類同，只是最先被造、地位略高而已。

2. 亞波里拿留主義（Apollinarianism）：基於當時相信人由身體、靈魂和思想三部分組成的觀念，認為在耶穌身上，聖道取代了人的思想，成了全體的主宰。其問題在於相信耶穌沒有整全人性，因祂只有屬人的身體和靈魂，沒有真正人類的思想。
3. 涅斯多留主義（Nestorianism）：認為耶穌好像人被鬼附一樣，有一外添的屬神位格。神人兩個位格同在於一個身體之內，有各自不同的思想和意志。其問題在於將神人二性過於分割，兩者只在作用和權能上結連，沒有實質上的聯合。
4. 歐迪奇主義（Eutychianism）：相信神性和人性完全結合而產生第三性；由於神性遠比人性強，這第三性近乎神性。這好比一滴牛奶（人性）加在一桶咖啡（神性）之中，奶味完全被咖啡所掩蓋。其問題是將神人二性過分溶合，棄掉了兩性的個別特質。

《迦克墩信經》的真義

《迦克墩信經》的內容，差不多每句皆為回應上述四個異端而設。信經聲明耶穌基督是「神性完全人性亦完全者；祂真是神，也真是人，具有理性的靈魂，也具有身體；按神性說，祂與父同體，按人性說，祂與我們同體，在凡事上與我們一樣，只是沒有罪」；這些條文顯然有反駁亞流主義和亞波里拿留主義的作用。隨後信經又宣告主耶穌所擁有的神人二性是「不相混亂，不相交換，不能分開，不能離散；二性的區別不因聯合而消失，各性的特點反得以保存，會合於一個位格，一個實質之內，而並非分離成為兩個位格，卻是同一位子」；充分流露避免涅斯多留主義和歐迪奇主義的特色。

經過漫長的神學討論，教會先賢對耶穌基督的本質終於達成共識。為忠於聖經的敍述，並考慮到救贖大功的成就，初期教父堅持以下四點信念，這些信念皆為後世基督徒羣體所追隨，至今未有明顯改變。

1. 耶穌神性完全：本質與聖父相同，有同一神性，同榮同尊；惟一分別是父乃萬有源頭，子卻是為父所生。
2. 耶穌人性完全：有真實的人性，與我們世人相同，有血有肉，有靈魂有思想；惟一分別是祂全然沒有罪。
3. 耶穌位格合一：神人兩部分不是表面的同在，而是真實的聯合，結合於一個位格之內，因此教會只有一位主。
4. 耶穌兩性並存：神人二性沒有因聯合而隱沒，相反兩者皆整全地得以維持，二性各有其意志與本質。

7 大公教會

當如何理解教會以外無救恩？

大公（catholic）一詞源自希臘文καθολικός，意指「普遍的、普世的」。在二千年的基督教歷史裏，大公教會有五個主要含意：

1. 指普世教會，以區別於地方教會羣體；
2. 指正統教會，以區別於異端或分離教派；
3. 指一〇五四年前東西方尚未分裂時的合一教會；
4. 指東西方大分裂後的西方教會；
5. 宗教改革後羅馬教廷以這詞尊稱自己，一般中譯為天主教（Catholic Church）。

「大公教會」源起、發展與意義

最先採用大公一詞來形容教會的，是二世紀初教父伊格那丟（Ignatius of Antioch）。為要回應異端，確立主教地位，他指出「主教若在那裏，會眾也應在那裏；就如耶穌基督在哪裏，大公教會也在哪裏一樣。」近百年後，亞歷山太的革利免（Clement of Alexandria）仍宣告：「教會乃連繫於獨一真神的承傳，分裂者則努力分割教會成為許多教派；因此我們宣告那古老兼大公的教會，不論在本質、觀念、源頭和聲威上，都是獨一無二的。」這時期所強調的大公，含有很強烈普世、合一和正統的意味。

三八一年通過的《尼西亞——君士坦丁堡信經》（*Niceno-Constantinopolitan Creed*），用了四個詞彙來描述教會：獨一（one）、聖潔（holy）、大公（catholic）和使徒（apostolic）；從此「大公」便成為基督教羣體對教會特質的共同認信。《使徒信經》（*Apostles' Creed*）原來只用「聖潔」一詞來定義教會，後來也加入「大公」而成為今日的版本。有關這時期教父對這形容詞的理解，耶路撒冷的區利羅（Cyril of Jerusalem）之解釋值得參考；他指出教會被稱為「大公」，有四個原因：

1. 她遍佈全世界；
2. 她普世地教導人類各樣教理；
3. 她使全人類都正確敬拜；
4. 她處理和醫治普天下所有人的罪。

顯然，早期教父所領會的「大公教會」，是指包含歷代所有信徒的屬靈羣體，其範圍並不限於任何一個地上宗派。

教會以外無救恩：天主教的解釋

「教會以外無救恩」是中世紀羅馬教廷很重視的觀念，強調任何人若離開他們所管轄與治理的教會，或被革除教籍，即不能得救。因著這教義，縱然昔日有不少君主權貴或有識之士，對教廷種種腐敗深感不滿，也要為個人靈魂的得救而敢怒不敢言。

根據羅馬天主教的傳統，這觀念有兩個主要基礎：第一個屬教會論，他們定義「大公教會」為地上有形的教會，這教會以羅馬教宗為首，是神施恩的媒介，是主耶穌在世上惟一的代表。第二個基礎屬教贖論，他們相信聖禮是得救所必須，而聖禮必須由教廷認許的聖職人員主領，方為有效。因此，任何人若不為羅馬教廷接納，即已被排拒於教會以外；他們既不能領受聖禮，就必然無法得著救恩，與神為信徒所預備的天堂和永生無緣。

教會以外無救恩：基督教的修正

宗教改革家不接納羅馬教宗的權威，同時也不認同教廷對「教會以外無救恩」的理解。教會論方面，基督新教將教會的定義區分為有形與無形兩類：有形教會指地上的宗派堂會，是不整全且混雜的；無形教會指歷世歷代真心信主的聖徒羣體，他們才是真正基督的新婦。救贖論方面，宗教改革家教強調因信稱義，得救只在乎對主耶穌的信；雖然不同教派對聖禮的意義略有不同體會，但基督新教普遍認同聖禮並非得救所必須，其施行的權柄也非羅馬天主教聖職人員獨有。

雖然如此，基督教亦不全然否定「教會以外無救恩」的概念；只是當中所指的教會並非羅馬天主教這有形教會，而是包括所有信徒的無形教會。只要人相信耶穌，他就在這教會裏面，此人必得著救恩；若有人不在這教會以內，就暗示尚未接受耶穌，如此他亦未能得救。對基督徒來説，「大公教會」的概念只適用於無形教會，不能用於任何有形教會，這理解乃早期教父對這詞較中肯、正確的表述；只因羅馬天主教常以「大公」自居，新教羣體才避免採用，以免遭到誤解。

8 唯獨聖經

真的不需顧及傳統？

唯獨聖經（*Sola Scriptura*）是宗教改革的其中一個主要口號，學者麥克阿瑟（John MacArthur）直稱：「唯獨聖經這宗教改革的正規原則，是真正基督宗教的精華所在。」雖然基督新教各宗派對這信念、這口號的定義並未有一致共識，但一般可理解為「以聖經為信仰教義與道德生活的惟一權威標準」。

信念的起始

宗教改革唯獨聖經的信念，始自馬丁路德（Martin Luther）在教廷追逼下的勇敢宣告。面對當時教會種種腐敗，路德於一五一七年登上著名的九十五條，指責聖職人員濫售贖罪券、愚弄信徒等劣行；自此，路德的信仰即遭羅馬教廷關注及審查。教廷先後派出艾克（Johann Eck）和卡耶坦（Tommaso de Vio Cajetan）為代表與路德辯論，期間他們成功指出路德所持的見解，與當時教廷的官方立場有明顯差異；在無可選擇的情況下，路德逼於坦承自己的信念，指稱教會議會和教宗本人均有機會出錯。這言論於今日並無不妥，但於當時卻是一個極不尋常的宣告，路德隨時會因此被逐出教會，個人性命難保。

路德牽動的改革浪潮愈捲愈大，事件終安排在一五二一年的沃木斯議會（Diet of Worms）中審理。議會由皇帝查理五世（Charles V）主持，在眾多皇室貴族、主教領袖面前，路德幾經掙扎，最後大膽宣告：「我不接受教宗和議會的權威，因為他們自相矛盾；我的良知伏在神的道之下，除非被神聖的聖經或清晰的理性駁倒，我不能也不會撤回言論，因為違背良知是危險且不妥的；這是我的立場，求主幫助！」以聖經為信仰最高權威的立場，由此開展。

信念的特色

中世紀羅馬教廷認為，聖經與傳統同為神的道，同是當受尊崇的信仰權威，兩者皆受託於教會，因此惟有教廷才有權柄加以詮釋；任何與官方立場相異的見解，皆屬錯謬的異端思維，不能接受。直到一九六五年的梵蒂岡第二次會議，天主教文獻《神的道》（*Dei Verbum*）仍堅持：「神聖的傳統、神聖的聖經和教會的教誨職能三者是互相連結，缺一不可。」

宗教改革家深深體會中世紀教廷的謬誤，以及教會傳統的不可信，他們提出唯獨聖經的信念，從兩方面修正原來的聖道觀：

1. 神的道只應包括使徒和先知流傳下來的聖經，往昔教令和教父見證這些傳統，不論如何寶貴，均不能與聖經平排並列；一六四六年的《威斯敏斯特信條》（*Westminster Confession*）聲明：「聖經至為重要，因為神從前向祂子民彰顯自己心意的啟示方法，如今經已止息。」
2. 聖經乃廣大信眾可以明白理解的，只要靠著聖靈在內心的見證和個人的邏輯思維，依據時代背景和上文下理來細心閱讀，即能對其中信仰與生活的教導有所掌握；瑞士改革宗一五六六年的《第二紇里微提信條》（*Second Helvetic Confession*）直接宣告：「我們只承認一種正統確實的解經方法，就是以經解經。」

信念的評估

信仰權威乃天主教與基督新教的主要分歧所在，當中牽涉的爭拗相當複雜。簡要而言，天主教雖重視聖經，但真正權威實放在教會之上，聖經的解釋和應用全在教廷手裏；而基督新教則將聖經和教會的地位倒轉，正如約翰衛斯理所說：「教會不能判斷聖經，相反要被聖經所判斷。」雖說唯獨聖經乃十六世紀宗教改革的口號，但這信念卻非此時才出現；教父愛任紐在反駁異端時堅稱「聖經乃信仰的基礎與柱石」，女撒的貴格利（Gregory of Nyssa）亦贊同「聖經是一切教義的標準與量度」，為此幾乎所有教父均大量徵引聖經經文來支持自己的立論。相比之下，羅馬天主教相信惟有教廷擁有解釋聖經的權柄，似是後期竄加的觀念，在初期教會傳統裏難以找到足夠支持。

然而必須留意，宗教改革家雖高舉唯獨聖經，但他們並不全然漠視傳統。許多在教會歷史裏艱苦得來、與聖經吻合的教義，如三位一體和基督神人二性等，改教家們皆堅信不移；一些通用信經，如《使徒信經》和《尼西亞信經》等，亦為今日許多基督教宗派所認信。「唯獨聖經」的真諦在於以聖經為最高權威，其目的是要修正一切有違真理的教誨，而非將往昔所有寶貴的傳統全然拋棄。

9 唯獨信心

人的努力是否必需？

宗教改革有五個主要口號，就是唯獨聖經、唯獨信心（*Sola Fide*）、唯獨恩典（*Sola Gratia*）、唯獨基督（*Solus Christus*）和唯獨神的榮耀（*Soli Deo Gloria*）。五者當中，最先在改教運動中受到關注和肯定的是唯獨信心；正是這信念引發起宗教改革的浪潮，使基督新教最終得以成立。「唯獨信心」在這時期的另一名稱，是廣為人知的「因信稱義」。

信念的起始

宗教改革揭幕自一五一七年十月三十一日，馬丁路德於威登堡大教堂門外，貼上用拉丁文寫成的《九十五條論綱》（*Ninety-Five Theses*）。激發路德如此行動，是當時鄰區主教阿爾伯特（Albert of Brandenburg），為成功賄買聖職而藉售賣贖罪券籌措金錢；為能盡快償還債務，阿爾伯特派人四處推銷，強化神的憤怒和煉獄之苦，誇大贖罪券的功能；在他們口中，主耶穌受死代贖之愛遭到貶抑，救恩彷彿可以用金錢買得，基督教信仰被嚴重扭曲。

為要幫助信眾認清信仰，曾經在研讀加拉太書和羅馬書時，洞察因信稱義道理的路德，便站出來為真理辯護。在《九十五條論綱》中，他警告「那些因購買贖罪券而確信自己得救的人，將同他們的教唆者一同受到永罰」；相反，那些真誠悔過、信靠基督的人，即使沒有購買贖罪券，也能「獲得全面免除罪罰的權利」，他們可「分享神和教會的賜福和恩典」。

信念的特色

羅馬天主教的稱義觀，主要源自五二九年的奧朗日會議（Council of Orange），會議訂明得救乃始於神的恩典，祂賜人行義的能力，但人必須配合這恩典，努力行善積德，才可配受救恩。因此，神的恩典與人的善功皆為得救所必須，單憑信心並不足以令人稱義。對他們來說，稱義是一個不斷努力的過程。只因不知何時才能累積足夠善功，無法確定自己是否得救，中世紀信徒經常生活在惶恐之下，致使售賣贖罪券者有機可乘。

唯獨信心意即只需信靠耶穌，便可獲得救恩。雖然世人都生在叛逆之下，但靠著神的恩典，人可以藉著信心，得著主耶穌順服至死之功，得宣判為義，當中不需任何人為努力。相對於天主教視稱義為一持續過程，基督徒相信稱義是一次過法庭式的宣判。這教義獲得基督新教各大宗派一致肯定；信義宗的《奧斯堡信條》（*Augsburg Confession*）聲明基督徒乃「藉著信因基督的緣故白白稱義」，聖公宗的《三十九條信綱》（*Thirty-Nine Articles*）亦注明基督徒在神面前被算為義，全因「藉著信接受了主耶穌基督的功德」。其他宗派信條，如改革宗的《比利時信條》（*Belgic Confession*）、長老宗的《威斯敏斯特信條》和浸信宗的《倫敦浸信會信條》（*London Baptist Confession*）等，均有類似聲明。

信念的評估

羅馬天主教與基督新教的主要分歧，在於除神的恩典外，信心是否足夠使人稱義得救。基督新教的答案是肯定；而羅馬天主教則否定，他們認為除信心外，信徒還要努力積取善功。究竟誰是誰非？約翰福音三章16節清楚記載：「神愛世人，甚至將祂的獨生子賜給他們，叫一切信祂的，不至滅亡，反得永生。」使徒行傳十六章31節呼籲：「當信主耶穌，你和你一家都必得救。」保羅在羅馬書一章17節亦說：「神的義正在這福音上顯明出來；這義是本於信，以至於信。」這些經文皆一致見證，憑信就可稱義得救。誠然，天主教的立場並非全無聖經根據，惟基督新教的論據似較穩固。

　　最後需要補充，拉丁文利用兩個詞彙來表達不同程度的信心：「認信」（*credo*）指理性上的認同，而「相信」（*fides*）則指真誠的信靠。唯獨信心所用的是後者；只用言語接受、沒有真誠悔改的偽信，並不包含在因信稱義的範圍內。

10 唯獨恩典
最終得救由誰主宰？

在宗教改革的主要口號中，唯獨恩典與唯獨信心的關係最為密切。兩者所針對的是同一個敵人，就是律法主義的傾向；所強調的是同一個信息，就是神恩典的大能，世人只要憑信接受主耶穌所成就的救恩，便足可得救。

信念的起始

有關唯獨恩典的爭議，早在四世紀末經已全面展開。當時曾經沉淪慾海、深深體會人性軟弱的希坡主教奧古斯丁，倡議完全揀選、唯獨恩典的觀念。他認為始祖亞當的原罪使後代人類變得敗壞，無力行善；因此得救完全在乎神白白的恩典，信徒得稱為義全屬被動。

奧古斯丁的立場很早已遭到挑戰。主張敬虔生活的修士伯拉糾（Pelagius），認為始祖犯罪並未有禍及後人，世人仍能自由選擇善惡；若要得救，人必須憑個人意志主動努力行善，過全然聖潔的生活。雖然這伯拉糾主義（Pelagianism）於主後四三一年的以弗所會議上被判為異端，但很快又有以迦賢努（John Cassian）為代表的半伯拉糾主義（Semi-Pelagianism）出現。他們某程度上認同奧古斯丁對原罪影響後人的見解，卻相信影響並不嚴重，人類必須先憑個人意志選擇歸信基督，然後可得著神恩典的幫助，信徒要與之配合，繼續擇善棄惡，以致稱義得救。

信念的特色

在主後五二九年的奧朗日會議上，羅馬教廷最終接受了一個介乎奧古斯丁與半伯拉糾主義的折衷方案。他們一方面相信墮落後人類已全然敗壞，必須先得恩典才能歸信；另一方面又堅持歸主後信徒要與恩典合作，努力行善積功，神的恩典和人的努力同為得救所必需。在十六世紀的宗教改革裏，馬丁路德重拾奧古斯丁的信念，高舉神恩典的能力；針對當時教廷推銷的贖罪券，他在《九十五條論綱》中批評：「和神的恩典與十字架的虔誠相比，贖罪券實在是微不足道」。

唯獨恩典有兩個強調重點。第一，始祖的原罪使人全然敗壞，無力自救；若說墮落後人類可憑自由意志，選擇過聖潔生活，靠自己能力成聖得救，那麼神所設立的救恩便非必需，相信主耶穌也非惟一得救的途徑。第二，神擁有絕對權能，祂的恩典全備，足以帶來救贖；若說在恩典以外，還需加上人的善功，就等於宣告神的無能，祂無法保守自己所揀選的人最終得救。在宗教改革期間，唯獨恩典的信念廣獲接納，後來教會領袖如加爾文（John Calvin）和愛德華滋（Jonathan Edwards）等更將之深化弘揚。

信念的評估

在聖經的教導中，隱藏著多個不容易消解的張力，唯獨恩典的爭議很大程度上是由這些張力誘發。例如神的權能與人的自由兩者便難同時並存；若說神命定萬事、安排一切，那就充分肯定神的權能，但人卻相對地變得毫無自由；相反若人真有自由，那就代表可以選擇不聽從神，如此神的心意就無法達成，貶抑了祂的主權和大能。類似張力亦可見於其他多對配搭，如神的恩典與人的責任，預定揀選與普愛世人等。

傳統唯獨恩典的信念，尤其是加爾文主義（Calvinism）式的預定論，偏重神的權能和恩典，難免就要輕放人的自由和責任。為正視這些同具相當聖經支持的教導，十七世紀初出現了亞米紐斯主義（Arminianism）；主張神的本意是要人人得救，但人有自由意志可以拒絕救恩，只因神早已預知誰會悔改堅忍、誰會頑梗不信，祂能按人的本性命定誰可得救。亞米紐斯主義原意雖好，但卻引入了一個與昔日羅馬天主教相當接近的救贖觀；兩者皆強調人類本身在得救上的責任，惟一主要分別是它認為信徒已經得救，努力堅忍只為保留在救恩之中，而天主教則相信信徒仍未得救，他們需不斷努力以獲取救恩。

今日在基督新教羣體中，加爾文主義和亞米紐斯主義同獲接納，兩派皆有一定支持。最終得救由誰主宰？前者的答案是神，後者則偏重人；我們惟有謙卑承認神在這方面未有絕對明確的啟示，畢竟人對真理的認識仍是有限。

第三部分

傳統禮習

基督教有許多傳統禮習，構成各宗派堂會今日的形貌。本部分回溯這些傳統禮習的成因，藉以幫助讀者更投入所屬羣體的信仰生活。這裏共收文章十篇，第一篇宏觀介紹現代教會常見的架構制度，二至四篇講述基督新教持守的主要禮儀，五至六篇談論教會的聖日和節期，最後四篇探討其餘幾個現代教會特有的現象，包括主日學、屬靈傳統、牧師結婚和執事權重等。

架構制度 1

何來監督、長老、會眾等不同制度？

任何組織均有一定的架構制度，基督教會也不例外。五旬節聖靈降臨時，教會似乎只有兩個級別：被特別選召的使徒和一般追隨耶穌的信徒。隨著福音傳到不同地區，教會人數上升，不同職分開始產生。根據聖經記載，使徒在各地按立了長老，管理地方教會（徒十四 23）；此外為妥善處理事務工作，又加設了執事的職分（徒六 1-7）。隨著使徒相繼離世，長老逐漸成了地方教會的最高領導團隊，執事輔助之。

監督制或主教制的建立

在使徒時期，監督基本上與長老同義。路加記載當保羅打發人往以弗所「請教會的長老來」（徒二十 17）後，便提醒他們「聖靈立你們作全羣的監督，你們就當為自己謹慎」（徒二十 28）。在保羅指示提多要「在各城設立長老」（多一 5）時，他列出了選拔的資格説「監督既是神的管家，必須無可指責」（多一 7）。此時，監督和長老兩個名稱可隨意互換；除少數例外，監督一詞在一世紀的基督教典籍裏，幾乎全部以眾數出現。

為妥善協調長老間的分歧，單一領袖制度在二世紀初開始產生。教會在眾長老中選拔一位成為全體的監督，監督與長老兩詞的意義由此分開；此後，「監督」多以單數出現，中文常譯之為「主教」。安提阿的伊格那丟呼籲教會所有信眾都應同心順服「主教和眾長老」，這就是地方教會的最高領導層。由於此時主教乃眾長老之首，本身也是長老會議成員，因此主教和長老兩個詞彙有時仍可互換。到三世紀中，這兩個名稱才全然分割；主教制度於此全面形成，成為後期羅馬天主教和東正教奉行至今的制度。基督新教中，也有一些宗派如聖公宗、信義宗和循道宗等，承襲這一地方、一領袖的架構，採用主教制或監督制。

長老制與會眾制的產生

長老制和會眾制皆為十六世紀宗教改革爆發後，才廣泛流行的教會體制。長老制宣稱自己乃回復使徒時期的管治架構，強調教會當由眾長老共同領導；地方教會由堂議會（Session / Consistory）治理，其上有區域性的長老團（Presbytery / Classis），再上是中議會（Synod），而最高權力機關是總議會（General Assembly）。長老可由委任或選舉產生，信徒領袖和教牧同工皆可成為長老，這兩類長老皆有代表進入不同級別的議會。改革宗和長老宗多採此制。

會眾制強調信徒皆祭司，主張以民主投票方式選舉堂會領袖。由全體會友組成的會友大會，名義上是教會最高權力機構；大會每年或每月定期召開。休會期間由會眾選出的執事會、值理會或堂委會，負責執行領導和管治工作。會眾制教會多採堂會自立模式，各堂行政完全獨立，互不從屬；由堂會共同組成的聯會，只有聯繫功能，沒有管轄實權；因此各堂會可有很大彈性處理內務事宜。公理宗和浸信宗等皆採用這種模式。

各種架構制度的評估

基本上，監督制、長老制和會眾制各有優劣。監督制將權力集中，避免因意見不同而分化；若監督具屬靈視野，這制度將有利發揮潛能，實現理想，避免不必要的人為障礙。然而權力容易令人腐化，監督若疏於職守，謀求私利，這制度將難產生制衡力量，糾正錯謬；中世紀教廷種種腐敗無法改善，與權力高度集中的教階制度不無關係。會眾制將權力全面分散，確能加增信眾在教會的參與，對堂會領導產生制衡與監管作用；然而若會眾不夠成熟，牧者領袖的屬靈洞見將可受到嚴重窒礙，無法實施；此外分門結黨、互相爭權、譁眾取寵的情況，亦常在會眾制的教會出現。長老制雖能避免監督制權力過於集中，和會眾制太過分散的弊病；但同時亦失去了部分其餘兩種制度擁有的優點。

教會真正的元首是神，任何架構模式都只是服事神的工具。聖經並沒有為教會指定一個必須奉行的制度，教會應認清各種制度的特色，視個別情況妥善協調，發揮本身所長，以回應神給教會的種種使命，廣傳福音，牧養羣羊。

教會聖禮 2

水禮、主餐與其他禮儀有何分別？

禮儀（Liturgy）一般指信徒集體舉行的固定宗教儀式，與個人獨自的屬靈追求相對。在基督教歷史裏，較常見的用詞是聖禮（Sacrament），這字源自希臘文μυστήριον，直譯為「奧祕」；後發展為拉丁文*Sacramentum*，意思是軍隊對君皇和神祇的效忠宣誓。基督教會以這詞為某些具特殊意義之禮儀的統稱，這些禮儀有外在象徵性的標記，也有內在隱藏的屬靈意義。今日基督新教所強調的兩大禮儀——水禮和主餐，昔日皆被歸類為聖禮。

聖禮的意義和演變

在新約聖經中，使徒保羅曾多次選用μυστήριον這個詞彙，如「神的奧祕」（林前二 1、西二 2）、「基督的奧祕」（弗三 4）和「歷代隱藏的奧祕」（弗三 9、西一 26）等，但所指的主要是神藉主耶穌向信徒的啟示。隨後一、二世紀的早期教父著作，甚少再用這字。

在與諾斯底主義（Gnosticism）和東方神祕宗教的爭拗中，亞歷山太的革利免努力論證基督就是真正的智者，是奧祕的教師，祂引導人進入更深的奧祕之中。一般相信這是「奧祕／聖禮」一詞，在基督教神學中受重視的開始。

最早借用μυστήριον一詞來表述教會禮儀的，是三世紀的俄利根（Origen）。在一篇講章中，他說：「那些藉著水禮披戴基督的，是已經與祂同死、同埋葬，且在第三天一同復活……因此，你們接受這第三天之奧祕的，主會親自引導你，並指示你得救之道。」對俄利根來說，基督就是奧祕，而水禮與聖餐則是傳遞奧祕的媒介，藉此信徒可以與基督聯合，有分於祂的死亡和復活。到四世紀，耶路撒冷的區利羅正式將這藉聖禮分享基督奧祕的教義，編入其水禮教誨中，成為教會羣體的標準信仰。

聖禮的數目和內容

雖然聖禮的概念已逐步成形，但這詞所包含的範圍卻經常在變。影響西方神學發展深遠的奧古斯丁，將聖禮定義為「不可見恩典的可見標記」；如此許多基督徒慣用的禮儀，如膏油、補贖、按立和婚禮，甚至一同背誦信經和禱文，皆可被視為聖禮。不過，奧古斯丁同時強調，水禮和聖餐是兩個特別重要的教會禮儀。

到十二世紀，倫巴都（Peter Lombard）寫成《四部語錄》（*Sententiarum Libri Quatuor*），提出聖禮共有七種，就是水禮（Baptism）、堅振禮（Confirmation）、聖餐（Eucharist）、補贖禮（Penance）、臨終膏油禮（Extreme Unction）、按立禮（Orders）和婚禮（Matrimony）；其中水禮、堅振禮和按立禮會在靈裏注入永恆的標記，因此不能重覆施行。除這些聖禮外，教會還有一些地位較次要的禮儀，稱為「小聖禮」（Sacramentals）。十三世紀，《四部語錄》成了教廷指定的神學教科書，七聖禮之說也因此變成羅馬天主教的標準教義。到十六世紀宗教改革時，改教家才根據聖經主耶穌明確的吩咐，將聖禮數目減少為兩個，就是水禮（太二十八 19-20）和聖餐（路二十二 19-20）。

水禮和聖餐的特點

水禮和聖餐與其他禮儀有何分別？馬丁路德在《教會被擄巴比倫》（*Babylonian Captivity of the Church*）中，指出聖禮是個奧祕，是用神的話設立的；因此「嚴格來説神的教會只有兩個聖禮，就是聖洗和餅；因為只有這兩個聖禮，才有神設立的標記和赦罪的應許。」水禮和聖餐在基督新教被突顯，主因是惟有它們是主耶穌親自設立的，也惟有它們能符合聖禮的傳統定義：擁有基督救贖的標記，是神傳遞恩典的媒介。事實上，若參照教父俄利根和區利羅等的思想，基督新教的立場實比羅馬天主教更符合早期的教會傳統。

雖然現代許多新教宗派如浸信宗等，已放棄傳統聖禮具有屬靈功效的定義，將聖禮改稱為「禮儀」，稱聖餐為「主餐」，但水禮和主餐仍被視為與眾不同、意義特殊的教會禮儀。原因除由主親自設立外，歷史因素也不容忽略。

水禮施行 3

浸禮、洗禮有何根據？

水禮一詞源自希臘文βάπτισμα，一般可譯作「蘸」或「浸」；它是基督新教承認的兩大聖禮之一，普遍為加入教會所必須。水禮的根源可追溯到舊約猶太人的潔淨禮；在主前一〇〇年左右，已有一些聚居死海西岸的昆蘭教派，積極奉行這些潔淨禮儀。據聖經記載，施洗約翰在主耶穌傳道以前，已在約旦河一帶「宣講悔改的洗禮」（路三 3）。然而基督教會所持守的水禮，真正的源頭始終是主耶穌到處為人施洗的榜樣，並祂臨升天前所頒下「奉父、子、聖靈的名給他們施洗」的大使命（太二十八 19-20）。

水禮的意義

在五旬節聖靈降臨那天，彼得呼籲羣眾「奉耶穌基督的名受洗，叫你們的罪得赦，就必領受所賜的聖靈」；暗示水禮有洗除罪污和領受聖靈的功用。保羅亦曾宣告受洗者可以披戴基督，與主聯合（加三 27）；

並可藉此與祂同死、同埋葬、同復活（羅六 3-5）。此外，信徒亦可藉著水禮加入教會，在基督裏成為一體（林前十二 13）。隨後的早期教父均延續上述使徒的教導；特土良、居普良和奧古斯丁皆認同水禮有使罪得赦的功效。然而教父們對水禮的立場亦有一些差異；在與異端教派的爭議中，特土良和居普良等均認為異端者和分裂者所受的水禮是無效的；然而奧古斯丁卻認為水禮的效用，是建基於設立者基督，只要是正確施行，水禮的效用不會受人為因素影響。

基督新教對水禮的意義，意見相當分歧。信義宗承接羅馬天主教的部分教義，認同水禮是神賜恩的媒介；改革宗視水禮好像舊約的割禮一樣，是基督徒與神立約的記號；浸信宗則認為水禮純屬一個公開的見證，當中並無任何特殊的屬靈功效。相對於羅馬天主教，基督新教普遍較強調受禮者的信心。

水禮的施行

按照聖經的敍述，早期基督徒歸信耶穌，隨即便接受水禮。然而到一世紀末，教會已為受禮者安排一連串慕道課程，受洗前且要禁食祈禱。隨後水禮儀節不斷擴充，希坡律陀的《使徒傳統》（*Apostolic Tradition*）記載了二世紀末羅馬教會的施禮情況：在一段可長達三年的慕道課程後，申請者要被查問信德；在水禮中，受禮者要脱去衣服，宣告拒絕撒但，受抹趕走邪靈；然後站在水裏，逐次認信聖父、聖子和聖靈，每次認信後均浸入水中，如是者三次；此後受禮者會被膏抹，穿回衣服，再被按手接受聖靈。雖然其他地方施行水禮的程序略有差異，但基本架構相當類似。

後期水禮儀式於各地有不同程度的修訂。西方教會在六世紀末開始改用一次式的水禮，且為方便實踐，浸禮逐漸被澆灌禮和灑水禮所代替。宗教改革時期，改教家如馬丁路德和加爾文等所倡議的施禮方式，基本上與羅馬天主教的相當接近。早期的浸信宗會眾，基本上也自由採用澆灌禮和灑水禮；到一六三三年特殊恩典浸信會（Particular Baptist Church）提出浸入模式的問題，浸禮才成為浸信宗堅守的信念。

浸禮與洗禮

教會傳統有三種主要施行水禮的方式，就是浸禮、澆灌禮和灑水禮；究竟哪種較符合初期教會的傳統？研究支持和反對浸禮者對聖經的詮釋，會發現兩者皆有一定理據；雖然前者的論據略強，但仍很難達成一致共識。然而若參考歷史文獻，就不難發現早期教會所施行的確是浸禮。資料最早可追溯到使徒時期的《十二使徒遺訓》（*Didache*），就有這樣教導：要在流動的活水裏施浸；如沒有活水，可在別的水裏施浸；若無法安排，可奉父、子、聖靈的名三次澆水在頭上。

《十二使徒遺訓》清楚顯示澆灌禮和更簡化的灑水禮，只是無法施行浸禮時的另類選擇，並非最理想的施禮方法。早期的教會壁畫也描繪受禮者赤裸站在水中，這也支持全身浸禮之説。不過若中肯面對歷史證據，也得承認今日浸信宗在浸池裏施行的浸禮，也非原初在活水裏進行的理想模式。早期教父認為在無法安排的情況下，可退而求其次，選擇另類較可行的施禮模式，值得思考。

守餐真諦 4
有否屬靈功效？

聖餐一詞源自希臘文εὐχαριστία，原意為「感恩」。在基督教會中，這詞專指主耶穌於最後晚餐時所設立，以餅和酒來記念祂死亡和復活的禮儀；這禮儀最早期的名字是「擘餅」，近代有些教會稱之為「主餐」（Lord's Supper）。

聖餐的意義

在主耶穌設立聖餐時，祂說：「這是我的身體，為你們捨的，你們應當如此行，為的是記念我。」（林前十一 24）又說：「這是我立約的血，為多人流出來，使罪得赦。」（太二十六 28）因此自教會成立初期，聖餐的餅和酒已被視為與基督的身體和血同等，有立約、赦罪和記念的功用。

聖餐在很早時期已廣受教父們重視，被視為基督徒得救、成聖的重要元素。一世紀末的伊格那丟指聖餐是「不朽的藥物、預防死亡的解毒劑」；二世紀中的游斯丁（Justin Martyr）認為信眾的血和肉可以在守餐中得到滋養；三世紀的俄利根聲言藉著禱告餅變成了聖體，可以使領受者隨之成聖。基於耶穌在約翰福音對「吃我肉、喝我血」（約六 51-55）的解說，早期教會普遍相信聖餐的餅和酒與基督的身體和血，某程度上有種神祕的連結，守餐者可以得著等同領受聖體的屬靈福祐。

聖餐的施行

按照福音書所記載主耶穌設立聖餐的步驟，初期教會很早時期已有頗為固定的施餐程序，主要分別只在於祝禱的方法和內容。一世紀末的《十二使徒遺訓》，聲明領杯時要祝禱説：「我們的父，為祢透過祢僕人耶穌讓我們認識的大衛子孫，我們感謝祢，願榮耀永遠歸祢！」擘餅時則要禱告：「我們的父，為祢透過祢僕人耶穌給我們的生命和知識，我們感謝祢，願榮耀永遠歸祢！」二世紀的游斯丁描述當時主領者要「按自己能力」盡力祈禱和感恩，然後會眾同應「阿們」。四世紀的《使徒憲章》（*Apostolic Constitutions*）則記載守餐前的祝禱，是由會眾「站立及默禱」，默禱後會眾就可按次出來領餐。

至於聖餐的主領者、受禮者和所使用的媒體，教父們的意見頗為一致。伊格那丢強調派餐必須由主教或獲授權人士施行，這立場似獲普遍肯定。受禮者必須是已奉主耶穌的名接受水禮的信徒，《使徒憲章》更要求守餐時教會必須嚴守大門，以防未決志者、未入教者闖入。與現代的聖餐相比，早期教會有一個明顯差別：聖餐杯必須為酒和水的混合。三世紀初的居普良解釋，酒代表基督的血，而水則代表信徒；有水無酒，基督便不在聖杯之中；有酒無水，我們便不能連於基督的血；因此兩者缺一不可。

聖餐的功效

有關聖餐的討論，最激烈的要數宗教改革時期對聖餐本質和功效的爭議。在一二一五年第四次拉特蘭會議（Fourth Council of Lateran）的使用和阿奎那（Thomas Aquinas）的教導下，羅馬教廷自十三世紀開始即採納變質説（Transubstantiation），相信餅和酒在祝聖後，實質已變成基督的身體和血；餅和酒只剩下「偶性」的感覺，真實本質早已改變。馬丁路德反對這立場，指斥它違反聖經、理性和感官知識；他主張同質説（Consubstantiation），認為基督的身體和血是與聖餐的餅和酒並存，就好比燒紅了的鐵內，火與鐵並存一樣。加爾文相信基督的身體和血是屬靈地而非物質地臨到餅和酒之中，領餐者憑信可在靈性上得到滋養，獲賜恩典。此外，改教時期亦有一些人如重浸派等支持記念説（Commemoration），他們強調守餐的作用只在記念耶穌的死，基督的身體和血不論物質上或屬靈上均沒有臨在。

上述四種立場今日均有人持守，究竟誰是誰非？甚難判斷，當中反映著對主耶穌「這是我的身體」這聲明的不同詮釋。前三者傾向延續教父們相信聖餐有屬靈功效的立場，而最後的記念說則著重「為的是記念我」這解釋。無可否認，聖經在這方面的教導存在一定張力，真相惟有三一上帝才能真正的知曉。

主日崇拜 5
因何如此重要？

雖然據聖經使徒行傳記載，在五旬節聖靈降臨，教會成立之初，信徒都在一處，時刻共聚；但隨著主耶穌短期內不會再來的意識增加，信徒開始回到舊日的工作崗位上，以維持生計。原來經常性的敬拜聚會，變成只在主日進行；但亦有一些較興旺的教會，仍維持有每日舉行的早禱和晚禱會。

主日崇拜的重視

早期基督徒普遍稱週日，就是七日的第一日為主日，因為主耶穌在此日從死裏復活。部分初期教會著作如《巴拿巴書》（*Epistle of Barnabas*）等，聲稱耶穌是在這日升天。有些教父如游斯丁和俄利根等，更推斷主耶穌也會在主日再來。因此，主日對基督徒來説是特別值得慶賀的日子，他們不准在這日禁食，就是祈禱也必須站著，不許屈膝跪下，以此表徵主的復活。

很早時期，基督徒已選擇在主日進行崇拜聚會，記念主耶穌所成就的救恩。在這日，所有住在城市和鄰近鄉郊的信徒皆會共聚一處，同心敬拜；教父伊格那丟強調，這種恆常的聚會甚至可摧毀撒但的權勢。由於當時並沒有週日放假的規例，為不影響工作，並避免遭受逼迫，信徒羣體多在黎明天未亮時聚會；這情況到四世紀羅馬皇帝君士坦丁，規定全國必須在主日休息，始得改變。

主日崇拜的活動

初期教會的主日崇拜聚會，多參照猶太會堂的傳統，以誦經和講解為主，另加插一些基督信仰特有的詮釋和活動；隨著與猶太教的隔離分割，基督徒主日崇拜漸漸變得自成一格，本身的特色愈來愈濃。根據二世紀初殉道士游斯丁的記載，當時羅馬的聚會以誦讀使徒見證或先知著作為開始；隨即主持聚會的主教或長老會作出訓勉，鼓勵會眾努力效法行善；然後會眾一起站立禱告，祈禱完畢便同領聖餐。由於風俗文化不同，這時期各地的主日崇拜程序互有分歧，強調重點亦有一定差異。例如東方亞歷山太，就將主日崇拜分為兩部分，前半部分對所有人士包括慕道者開放，後半部分有聖餐環節，只限已受浸者參加。

與現代的教會聚會相比，早期的主日崇拜並沒有太大分別，許多程序如讀經、講道、祈禱和聖餐等，均由古時一直延續至今。惟仍有一些環節，是現代教會忽略或失去的；例如在守餐前，他們不只先認罪悔改，還要與仇敵和好；派餐後執事會將餅和酒留下部分，主動送贈給未能出席聚會的肢體。

主日崇拜的發展

隨著教會在四世紀獲得合法地位，信眾人數上升，崇拜聚會也因應環境上的轉變而有所調節。除教堂建築增大、裝飾加添外，崇拜程序也變得愈來愈複雜，時間也愈來愈長。根據四世紀後期的《使徒憲章》，當時崇拜要順序誦讀舊約聖經、保羅書信和福音書這三代經訓；長老按次序逐一起來訓勉，最後由主教結束，期間執事負責維持秩序；連串訓勉後會眾全體站立禱告，然後安靜同領聖餐。

綜合初期教會的崇拜特色，有兩個程序是最核心的，就是講道和聖餐。中世紀拉丁文彌撒的流行，使聖餐的地位被突顯；由於大部分信眾均不懂拉丁文，他們很難從崇拜禮儀中獲得屬靈上的知識。宗教改革時期基督新教對唯獨聖經的強調，使講道再受重視，且被放於聖餐之上；改教家放棄拉丁文的彌撒，用各地通俗的語言宣講，務使信眾能明白聖經真理，活出虔誠信仰。除傳統天主教的聖禮強調和基督新教的聖道強調外，近年還出現了一種強調藉唱詩投入讚美的敬拜模式；不過相比前兩者，這種新模式較屬現代產物，其在教會歷史傳統的基礎比較薄弱。

教會節期 6

復活節、五旬節、聖誕節從何而來？

細察教會傳統的禮儀年曆（Liturgical Calendar），不難發現其節期聖日的豐富。當中除記念主耶穌道成肉身事迹的將臨期、聖誕節、顯現期、預苦期、受難節、復活節和升天節外，還有記念聖靈降臨的五旬節和隨後的聖三一日。部分宗派如聖公會等，更有為個別聖徒設立的聖日，如天使向馬利亞報喜日、彼得日、保羅受感化日等。然而不可不知，這些節期並非從起初就有，而是要經過一段漫長的演進過程才得形成。

復活節
Easter

基督教禮儀年曆中，最早出現的節期是受難節和復活節。復活節一詞源自希臘文πάσχα，原文也指猶太人的逾越節，早期教會以這日期來記念主耶穌的釘死和復活。根據現存史料，最早守這節期的是小亞細亞教會，時間約在一世紀末、二世紀初；後來風習逐漸傳到其他城市，於各地流行。然而，亦有學者認為復活節實有兩個不同起源；除小亞細亞教會外，巴勒斯坦和敍利亞的猶太基督徒亦在很早時期以守逾越節的方式記念這日。

主耶穌受死復活，既在主日，又在猶太人的逾越節，這兩個日子很多時並不重疊，復活節應以何日為準？早期教會曾為此興起嚴重爭議。二世紀的小亞細亞教會以猶太陰曆的尼散月（Nisan）十四日為復活節（不理這日是否主日），史稱他們為十四日派（Quartodeciman）。然而，周圍以外邦基督徒為主的教會則傾向以羅馬陽曆為依據，強調復活節應在主日。主後三二五年的尼西亞會議採納了亞歷山太（Alexandria）教會的計算方法，將復活節定為陽曆三月二十一日春分月圓後第一個主日；由於春分後何時出現月圓年年不定，復活節可在三月二十一日至四月二十四日間浮動。除少數例外，今日大多數教會均接納這計算原則。

五旬節
Pentecost

一般相信，五旬節是緊接復活節出現的第二個基督教節期。五旬節一詞來自希臘文πεντηκοστός，意指五十。在猶太教，五旬節是逾越節後五十日的收割節慶；早期基督徒將之轉化為記念聖靈降臨的日子，事件發生於基督復活後五十天（徒二 1-4）。奧古斯丁指出，猶太教徒與基督徒慶祝五旬節的分別，在於前者是著重律法的賜下，而後者則記念聖靈的降臨。

歷代教會普遍將五旬節的日期，定於復活節後五十天。由於早期教會對復活節的日期存在爭議，應在何時慶祝五旬節這問題，要到三二五年尼西亞會議後才初見共識。慶祝復活節與五旬節的主要分別，在於前者事前有一段記念主耶穌受死的哀傷期（後來發展成大齋期），而後者則充滿喜樂；前者需要禁食禱告，後者不單不准禁食，就是屈膝也是禁止。

聖誕節
Christmas

在今日社會中，最受人重視的當數聖誕節；這是普天同慶的日子，也是氣氛最濃的現代節慶。然而在教會歷史裏，聖誕節要到四世紀末才開始普及。三世紀的著名教父俄利根明言，基督徒不應慶祝生日，因為這是異教徒的習俗；為此，早期信徒重視基督的釘死和復活，遠超過祂的降生，加上主耶穌的出生日期根本無法確定，為此他們一直沒有慶祝聖誕節的習慣。

聖誕節原意是基督的彌撒（Cristes Maesse）。早期對主耶穌道成肉身、開始傳道的記念，主要集中在元月六日的主顯日（Epiphany）；自二世紀末、三世紀初開始，初期教會一直以此記念主耶穌接受水禮，顯現為彌賽亞。到四世紀，對主耶穌道成肉身的記念才轉移到十二月二十五日；這日原為異教徒祝頌太陽神的日子，當時教會以耶穌是「照亮外邦人的光」（路二 32）為由，以聖誕節取代原來的異教節期。聖誕節的慶祝最早出現於西方的羅馬，時為主後三三六年；隨後拿先斯的貴格利（Gregory of Nazianzus）約在三七九年，將節慶引進東方的君士坦丁堡。此後，聖誕節逐漸在各地流行；然而，此時亦有一些城市如耶路撒冷等，要到六世紀中才認許聖誕節的慶祝。

信仰教導 7

慕道班、主日學因何出現？

在大使命中，主耶穌吩咐門徒「凡我所吩咐你們的，都教訓他們遵守」（太二十八 20上）。自成立之初，教會即擔負傳遞和教導信仰真理的使命。雖然在最早段時期，使徒多專注向未信者傳揚福音，信主後隨即受洗，但很快已有針對歸信者的信仰教導出現。保羅在哥林多就花了一年零六個月，將神的道教訓當地信徒（徒十八 11）；在以弗所，他更用三年時間晝夜不住地勸戒教會各人（徒二十 31）。

初期教會的信仰教導

初期教會系統性的宗教教育，主要集中在接受水禮前後的慕道班與培訓班；內容包括聖經信息的精簡講解、基督教信仰的基要教義、教會歷史的概要巡覽、信徒生活的道德教誨，以及教會儀節的實際指引。相關著作，包括《十二使徒遺訓》、耶路撒冷主教區利羅的《致蒙照者的要理教導》（*Catecheses ad*

Illuminando）和奧古斯丁的《始步者要理教導》（*De Catechizandis Rudibus*）等。

由於時代轉變和教會增長，初期教會的信仰教導不斷演進。早期受逼迫時的課程主要分成兩級：第一級讓聽道者（*audiens*）逐步認識基督教的中心信仰，第二級給合格者（*competentes*）受洗前必要的教理裝備。當基督教於四世紀成為合法宗教後，教理課程擴展為四級：第一級為初信者（*tirones*）而設，他們未經教化，有待長久雕琢；第二級的對象為申請水禮的始步者（*rudes*），他們需要持續學道和行道，直到合乎標準；第三級為接受水禮前的預備班，學員被稱為蒙照者（*illuminandi*）；最後第四級為新教友（*neophyti*）提供復活節期間的教導和訓勉。全部課程，為期最少三至四年。

宗教改革教會的信仰教導

宗教改革於一五一七年因馬丁路德的《九十五條》而正式爆發，改教浪潮很快席捲全歐遍地。為使大量湧進的新教徒盡快弄清信仰，脫離公教傳統的迷惑，改教家積極推廣平信徒的要理教導，相關著作不斷湧現。信義宗的墨蘭頓（Philip Melanchthon）和布根哈根（Johann Bugenhagen），改革宗的布靈爾（Heinrich Bullinger）和加爾文，安立甘宗的克蘭默

（Thomas Cranmer），並重浸派的胡伯邁爾（Balthasar Hubmaier），均先後編訂及出版各自的要理教材。

在芸芸眾多同類著作中，最著名者當首推馬丁路德的《小教理問答》（*Small Catechisms*）。此作品於一五二九年出版，參考波希米亞弟兄會（Bohemian Brethren）的教學模式，將基要信仰精簡教授；是此時代信仰教導的典範。其內容共分五卷，分別以問答形式教導有關十誡、《使徒信經》、主禱文、水禮和聖餐禮的主要教義。在導言中，路德就如何應用此教理問答，提出一個三階段式的教學方法：第一、學員要準確背記十誡、信經和主禱文每一細節，重複學習；第二、講師要按《小教理問答》的內容逐條問題講解，循序漸進地完成課程；第三、採用更詳盡解釋的《大教理問答》（*Large Catechisms*），讓學員有更豐富全面的理解。全部課程為期約一年。

當代教會的信仰教導

雖然當代教會有許多不同的信仰教導模式，如細胞小組、查經班、成長班等，但影響最深遠的仍是有逾二百年歷史的主日學。與初期教會的慕道班和改教時期的教理問答相比，現代的主日學有一相當不同的焦點；就是它以兒童教育為焦點，而非往昔的成人培訓。

主日學始於一七八〇年，意謂週日舉辦的學校；內容一般以宗教信仰為主，但早期亦有給窮困兒童通識教育的。最早推行主日學的是雷克斯（Robert Raikes），他聘用幾位婦女，在英格蘭格洛斯特（Gloucester）教導兒童閱讀聖經，明白教理問答。不久，這種主日學模式的信仰教導推延至歐、美各處，多個聯合組織相繼成立，如經濟支持各處教學的主日學協會（Sunday School Society, 1783）和協助出版教材的主日學聯會（Sunday School Union, 1803）。時至今日，主日學早已擴展至青年、成人、長者各級別，在歷史上曾造就不少信徒，成為近代基督教信仰教導的時代標記。

屬靈傳統 8

基督宗教有哪些主要的信仰表達模式？

自從宗教改革強調唯獨聖經以來，基督新教一直輕視宗教傳統；華人教會既缺乏西方文化的歷史淵源，對古典屬靈傳統的認識就更顯貧乏。按其強調重點，歷代眾多的屬靈追求可歸納為以下七類；這些傳統雖各有特色，但絕非彼此排斥，它們許多時會平行並存，且互相補足。

捨己屬靈傳統
Spiritual Tradition of Self-denial

根據耶穌基督背十架跟隨主的呼籲，初期教會普遍認同要為宗教而付出。在羅馬帝國政權的逼迫下，為主殉道逐漸成為早期基督徒信仰的最高表達，初期教父俄利根認為殉道是救恩的勇敢表白，愛任紐和特土良甚至稱揚殉道者為教會的真實標記和種籽。時至今日，為信仰捨己仍在教會羣體中獲得高度稱揚；德蘭修女（Mother Teresa）對貧病者的無私服事，香港為拯救病人而殉職的謝婉雯醫生，某程度上是這種捨己屬靈傳統的表達。

默觀屬靈傳統
Spiritual Tradition of Contemplation

強調安靜默觀的屬靈追求，此傳統在柏拉圖（Plato）哲學影響下的初期教會甚獲重視。默觀屬靈傳統一直在修道生活中延續，沙漠教父如安東尼（Antony）等經常享受默觀的喜樂，後期中世紀的佳蘭（Clare of Assisi）、十架約翰（John of the Cross），以至近代的梅頓（Thomas Merton）及盧雲（Henri Nouwen），均依從這傳統。雖然在默觀傳統上，基督新教不及天主教修院般豐富，但亦非完全貧乏；許多教牧鼓勵的靈修和退修，可以說是默觀生活的現代都市化版本。

聖禮屬靈傳統
Spiritual Tradition of Sacrament

聖禮屬後期發展而成的觀念。最早正視聖禮功效的是活躍於三世紀初的俄利根，他指出接受水禮就是與基督同死、同埋葬、同復活；四世紀耶路撒冷的區利羅將這思想進一步發揮。時至今日天主教和東正教仍將聖禮放在其信仰的核心位置。雖然基督新教自馬丁路德開始，即否定如化質説等極端觀念，但聖禮的效用並未遭完全否定；水禮和聖餐的屬靈功效，仍在許多宗派如信義宗和改革宗等獲得肯定和保存。

聖道屬靈傳統
Spiritual Tradition of Divine Word

在主大使命的催促下，初期教會積極傳道，使徒保羅的宣教事迹，且成為教會信眾的榜樣。然而，中世紀教會對聖道的重視，卻因教宗權力的高升而相對下滑。直到宗教改革主張唯獨聖經，聖道才重獲重視；十八、九世紀美國的大復興和隨之而生的普世宣教運動，皆著重宣揚神道。今日，許多華人教會仍以講壇為崇拜的中心，以教導真理為事奉的關鍵，以傳福音為教會的主要使命；聖道可以説是影響現代福音派華人教會最深的屬靈傳統。

聖潔屬靈傳統
Spiritual Tradition of Holiness

基督教會一直提倡品德高尚的聖潔生活。雖然在初期教會裏，聖潔不及捨己和默觀般受到推崇，但亦有刻己修士如迦賢努等拼死堅持。宗教改革後，聖潔屬靈傳統得到較大發展，重浸派（Anabaptists）和清教徒（Puritans）均強調要有美好的生活見證；約翰衛斯理的循道運動有很強烈的聖潔味道，十九世紀的聖潔運動（Holiness Movement）更是以此為標記。無須多講，聖潔亦是現今華人教會經常談論的一項追求。

正義屬靈傳統
Spiritual Tradition of Justice

正義傳統強調社會整體的公義和人民的需要。無疑，照顧孤寡老弱是聖經的教導，初期教會亦不乏憐愛施贈的行動；然而，因著教會初期的受壓逆境，及後期與當政者的緊密聯繫，社會正義的呼聲始終較弱。正義屬靈傳統可以説要到十八、九世紀才有較全面的發展，組織救世軍的卜維廉（William Booth）是當時其中一位代表人物，而黑人民權領袖馬丁路德金（Martin Luther King）則是近代的典範。香港教會在七一遊行裏的積極參與，正反映著此派傳統的冒升。

靈恩屬靈傳統
Spiritual Tradition of Charisma

追求屬靈恩賜是一個古老的現象，使徒保羅在哥林多前書亦曾探討這問題。二世紀的孟他努主義認為異象和方言都是證明聖靈臨在的重要表徵。隨著教階制度的確立，靈恩領袖的角色漸漸被邊緣化。靈恩傳統到二十世紀初經歷柏含（Charles F. Parham）和西默（William J. Seymour）等人的推動，才真正受到重視；八十年代溫約翰（John Wimber）和魏格納（Peter Wagner）引發了所謂的靈恩第三波，使追求屬靈恩賜的浪潮遍及全球，華人教會亦深受其影響。

9 聖職要求

為何基督教牧師不像天主教神父一樣守獨身？

若問基督教與天主教的聖職人員有何不同，結婚與獨身的限制肯定可佔一重要席位。天主教的主教神父要持守獨身，為何基督教的牧師傳道卻沒有此種要求？兩者的理據何在？

天主教的發展與理據

天主教會對聖職人員的獨身限制，最早可見於約三〇六年間，在西班牙舉行的愛爾維拉會議（Synod of Elvira）；當中指明主教、神父和執事要持守獨身，不可與妻兒同住。此要求逐漸在西方拉丁教會普及。在宗教改革浪潮的衝擊下，十六世紀的天特會議（Council of Trent）再次肯定聖職人員為福音緣故持守獨身的命令，惟將此要求歸類為教會法規，而非上主法規，日後教廷可按實際情況加以修訂。一九七一年舉辦的世界主教會議，教宗保祿六世（Paul VI）重申這獨身禁命，強調教宗有權就特殊情況給予豁免。

東方教會對獨身的要求普遍較寬鬆，其限制只嚴格執行在主教身上，已婚人士若被選立為神父、執事，可維持夫婦生活。三一四年的安歐拉會議（Synod of Ancyra）容許執事結婚，惟必須要在授按立前預先向主教聲名。六九二年東方主教的「五六會議」，表明「雖然羅馬方面冀盼每位受按立的執事和長老均放棄妻子，但我們希望執事和長老的婚姻繼續有效和維持。」然而，若已婚男士被升任為主教，就要將妻子安置在遠離其教區的修院內，不可繼續再與之同住。

天主教和東正教要求聖職人員持守獨身有何理據？馬太福音十九章12節「為天國的緣故自閹」是最常被引用的經文。不少早期教父如伊格那丟、猶斯丁、他提安（Tatian）、特土良、俄利根和居普良等，均鼓吹禁戒情慾，高舉持守童貞。四世紀流行的修道主義，更將禁慾獨身視為基本操練。天主教和東正教皆強調，教會是基督的新婦；聖職人員應以祂為終生追求的對象；獨身是專心事主所必須，所以應當持守。

基督教的回應與理據

這要求聖職人員誓守獨身的傳統，實際執行時情況如何？中世紀教會的醜陋情況，值得三思。當時聖職人員雖不娶妻，卻收納情婦；學者耶迪革（J. A. Brundage）直言：「聖職人員頻繁地、公開地收納情婦，似乎是遍及整個中世紀的習慣。」一一二三年的第一次拉特蘭會議（First Council of Lateran），一四三五年的巴色會議（Council of Basel），一五一四年的第五次拉特蘭會議（Fifth Council of Lateran），和宗教改革後的天特會議，以不斷強化的語氣禁戒聖職人員收納情婦，顯示問題持續未解。

面對此種腐敗情況，改教家積極將教廷這與現實不符的獨身要求修正。馬丁路德指斥羅馬教廷視獨身比婚姻優越的立場，根本毫無聖經根據。他解釋神設立婚姻乃為給人一個正確的途徑，逃避姦淫慾念的罪惡；人類受造時已被賦與一個難以抗拒，透過性愛繁殖後代的意向；婚姻能讓人在不犯罪的情況下滿足這本性，有助於靈魂得救。為此路德鼓勵基督新教的牧者結婚，勸籲修士、修女「還俗」；而他自己亦以身作則，於一五二五年娶曾做修女的迦芙蓮（Katherine von Bora）為妻。

其他主要的改教家，立場大致上與路德類同。慈運理（Ulrich Zwingli）強調神並沒有禁止嫁娶，婚姻是聖潔的，人性又有此需要，因此教會不應強迫聖職人員和修士守獨身。加爾文指斥羅馬教廷誤解聖經和教父的教導，認為真正的貞潔在於內心而非外表，當時天主教修道院的種種腐敗足可見證他們的錯謬；此外，他又解釋婚姻是神所設立的，繁殖後代是神給人的命令，強迫持守獨身的禁令是藐視神的頑固行為。

基於上述這些理由，主流基督教派如信義宗、改革宗、聖公宗和長老宗等，都反對強迫聖職人員守獨身。他們認為聖潔與獨身無關，聖經並沒有將獨身高抬於婚姻之上，在神面前已婚者絕不比獨身者為差。正因這緣故，基督新教的牧師傳道無須持守獨身，可以自由嫁娶。

10 執事職權
監督還是輔助者？

執事（Deacon）一詞源自希臘文διάκονος，原意泛指一切服事、服務的人。初期教會以之為一職銜，協助使徒、監督處理教會事務。此詞在天主教稱為助祭，東正教為輔祭，聖公會為會吏，其他宗派多稱之執事，但也有採用其他名稱如值理、理事等。

執事身分與要求

基督教會普遍認同，執事起源自使徒時期，當時教會人數劇增，事務繁多，使徒為專心祈禱傳道，特設這職分以照顧有需要人士，他們包括司提反和腓利等（徒六 1-6）。在隨後早期教會的發展裏，執事承擔的事奉逐漸增多。他們在崇拜中維持秩序，在聖餐中分發派送餅和酒；他們打理教會物業資產，在教會間傳達信息；此外，他們亦要執行許多慈惠工作，代表教會送贈物資給孤兒寡婦，侍候在牢獄中的肢體，給離世者安葬。

保羅在其書信中，聲明執事必須有良好的個人品格，說話誠實，家庭和諧，且信仰純正（提前三8-13）。隨後的教父大都以保羅的教導為依據，對選立執事有相對嚴格的標準。《十二使徒遺訓》要求執事必須謙恭可信；羅馬的革利免（Clement of Rome）提倡他們要先受試煉；伊格那丟認為他們最好能在各方面均得眾人喜愛；坡旅甲（Polycarp）強調執事所事奉的對象是神、而不是人，因此他們必須無可指責，按上帝的真道行事。

執事與教會體制

教會成立初期，執事的職分已獲得確立。一世紀末教會逐漸發展成單一主教制後，執事即成為地方教會排名第三的聖職，地位僅次於主教和長老。羅馬公教要求最高級的聖職人員持守獨身，就包括這三個職級。

然而依據歷史，執事的地位往往會因著現實環境與教會體制的轉變而略有升跌。主後三、四世紀，由於早期教會多以執事為主教的祕書或助手，他們每每直接聽命於主教，因而有自視比長老身分優越的情況；有些執事更自行承擔郊區小教堂的牧職。對此種情況，教會會議一概予以譴斥。主後三二五年的尼西亞會議，指責部分地區的執事派餐給長老，甚或比主教先領餐的情況；訂明「執事要知道自己乃主教的助手，從屬於長老，就要安分守己」；他們必須按次序在長老以後領餐，不得與長老平排並列。

宗教改革爆發後，長老制和會眾制教會相繼湧現。在許多會眾制教會裏，會友大會被視為最高權力機關；由於執事乃由會友推選產生，有代表全體羣眾管治的權柄，因而地位不斷上升，不少更成為教會無形的最高領袖。雖有牧師、堂主任，但他們許多時也要聽命於執事領袖，上下角色全然扭轉。

執事與牧者關係

究竟執事應當是監督還是輔助者？其與牧者的關係應當為何？在回答這問題前，我們必須先了解教會的本質，教會存在的目的應當為何？新約聖經清楚訂明耶穌基督是「教會全體之首」（西一 18），聖徒羣體應當「宣揚那召你們出黑暗入奇妙光明者的美德」（彼前二 9）。因此，教會當追求順服基督的帶領；愈是作領導的，就愈需由屬神的人擔任。早期教會立主教和長老在執事之上，皆因對前者的要求一般較後者為高，若執事品格良好、資歷漸深，就可獲晉升為長老；理論上，主教和長老的屬靈素質總比執事優勝，因此教會當由他們領導。

至於今日部分教會以執事監管牧者，實有誤解會眾制度之嫌。回首昔日會眾制的產生，主要源自對「信徒皆祭司」的認同；當中所反對的，是中世紀教廷以聖職人員為特殊階級的觀念，他們強調人人皆可藉基督來到上帝面前；其所著重的乃是神權。任何教會皆應以基督為首，教會所追求的不是「民主」，而是「神主」；會眾制教會也不例外。執事雖為信眾代表，仍應服在神權之下。不論牧者或執事，最終都要向神、而非向人交帳。若牧者忠心事奉，有良好的屬靈品格，執事就當順服輔助；惟有發現有牧者疏於職守，缺乏見證，擁有更佳靈命的執事才應挺身而出，在神面前發揮監督的作用。

第四部分

宗派組織

基督新教常給人一種宗派林立的印象；許多基督徒信主多年，還不知鄰近其他教會從何而來，有何特質。本部分嘗試介紹香港教會常見的主要宗派，回溯她們的產生、成長和來港經過，讓主內一家的肢體能互相認識、彼此建立。留意本部分只涵蓋各源自歐美的外來宗派，至於華人特色較重的本地宗派，請參閱第五部分「華人教會」中第五及第六篇文章。

三教鼎立 1

天主教、東正教、基督教有何關係？

現今基督信仰有三個主要流派，就是天主教（Catholic）、東正教（Orthodox）和基督教（Christian）；他們有非常接近的教義，同敬拜三位一體的真神，同相信耶穌基督為救主，所珍視的正典經卷也相當類似。那麼，三者究竟有何關係？可以說他們是同一棵樹的三大分支，這棵樹栽在舊約的土壤裏，以耶穌基督為根基，以使徒和初期教會為樹幹。事實上在最初幾個世紀裏，基督教會同時擁有這三教的精神特色，Catholic代表普世大公，Orthodox強調教義正統，而Christian則指追隨基督；到分裂以後，這些名稱才分別歸屬三個不同信仰羣體。

天主教

基督信仰自五旬節聖靈降臨開始即被廣泛傳播，信徒人數激增；到主後三世紀羅馬帝國幾乎每個省分都有教會設立。按語言文化，此時教會基本上可分為兩大部分：東部包括埃及、巴勒斯坦和小亞細亞一帶，慣用希臘文；西部有意大利、高盧和西班牙等地區，以拉丁文為流通用語。今日的天主教主要源自西方拉丁教會，他們一直聚居於西歐，到十六世紀宗教改革後才積極向外傳教，使天主教會遍及美洲、非洲和亞洲各處。

雖然羅馬教廷一直宣稱其宗座傳承可追溯到使徒彼得，但實際上羅馬主教的教宗地位要到主後六世紀才漸得確立。此前羅馬主教雖較受尊崇，但並非鶴立雞羣，當時與之齊名並列的，還有君士坦丁堡、亞歷山大、安提阿和耶路撒冷等城市的主教長。今日天主教獨有的信仰教理，主要落定於十六世紀為回應宗教改革而召開的天特會議；其特色是堅持以羅馬教宗為首，由梵蒂岡教廷領導，重視傳統習俗和禮儀。

東正教

相對於羅馬天主教，東正教主要源自古時東方希臘教會。自從羅馬皇帝君士坦丁遷都拜占庭（Byzantine），改名君士坦丁堡（Constantinople），這新首都的主教即經常與羅馬抗衡。基於權力鬥爭、文化差異、語言誤解等種種因素，東西方教會自五世紀開始即常有衝突，磨擦不斷加深。隨著回教徒入侵，亞歷山大、安提阿和耶路撒冷等城市相繼失守，君士坦丁堡主教長逐漸成為東方希臘教會的最高領袖。

一〇五四年羅馬和君士坦丁堡兩位主教各持己見，互相驅逐對方出教，是東西方教會長久分裂的歷史性開始。此後東方教會積極向東、向北擴展。雖然君士坦丁堡最終於主後一四五三年被土耳其人攻陷，歸入回教奧圖曼帝國（Ottoman Empire）版圖，但東正教仍繼續在希臘、俄羅斯和東歐多個國家存留，保有自己獨有的信仰傳統和教會體制。

基督教

基督教又名抗羅宗（Protestant），專指十六世紀宗教改革後，獨立於羅馬教廷的宗派羣體。當中包括信義宗、改革宗、聖公宗、長老宗、浸信宗、公理宗等數不盡的眾多宗派羣體。他們不滿羅馬教廷腐化攬權，教義偏離真道，教士道德敗壞，遂提倡徹底改革，歸回以聖經為本的純正信仰；因此我們基督新教亦稱更正教或復原教。雖然基督教內宗派林立，意見分歧，但一般均接受宗教改革時期提倡的三個唯獨：唯獨聖經、唯獨信心、唯獨恩典。

雖然基督教看似脫離自羅馬天主教，但實際上卻深入植根於使徒遺留下來的信仰傳統；因此同樣可以說是源自古遠的使徒教會，與天主教同出於一根一莖。宗教改革前一千五百年的教會發展，不單是天主教的歷史，同時亦是我們基督教的歷史；過往的成敗得失，對我們同具參考價值；初期教會制定的信經，如《使徒信經》和《尼西亞信經》等，對基督徒同樣有效。

信義宗系 2

何來分有信義會、崇真會、禮賢會和路德會？

信義宗（Lutheranism）一詞約始於一五二〇年，原為羅馬教廷所提出，泛指由宗教改革家馬丁路德所揭起的教會改革運動。約於一五六〇年，這名稱開始為追隨路德的信仰羣體所採納，以與當時流行的其他新教宗派如改革宗、重浸派等劃清界線。中文譯名強調因信稱義，反對教宗權威。

信義宗系的歷史源流

眼見教士為搾取金錢而吹嘘贖罪券的功能，誤導教會信眾偏離真道，馬丁路德於主後一五一七年在威登堡大教堂門外，釘上著名的《九十五條論綱》，掀起宗教改革的浪潮。然而，羅馬教廷卻不接受路德的善意勸誡，反倒要求他悔改、撤回言論；路德堅拒不從，且迅速發表三篇論文，點出中世紀教廷的種種錯謬，呼籲貴族領袖支持改教。

此後，雙方有數次尋求協調的努力，當中包括一五二一年的沃木斯議會、一五二九年的斯派爾議會（Diet of Speyer）和一五三〇年的奧斯堡議會（Diet of Augsburg），但全部均因羅馬教廷毫不讓步的態度而無法達成協議。經過多翻努力，加上時局變動，信義宗終在一五五五年簽訂的〈奧斯堡和約〉（Peace of Augsburg）中，成功取得合法存在空間。三十年宗教戰爭後簽訂的〈威斯特伐利亞和約〉（Peace of Westphalia），進一步鞏固信義宗的獨立地位。

信義宗系歐美的發展

信義宗羣體所公認的教義，全收在一五八〇年編訂的《協同書》（*Book of Concord*）裏。內有初期教會的大公信經，包括《使徒信經》、《尼西亞信經》（*Nicene Creed*）和《亞他拿修信經》（*Athanasian Creed*）；馬丁路德親自編撰的《小教理問答》（*Small Catechisms*）和《大教理問答》（*Large Catechisms*）；並早期路德支持者所擬訂的羣體認信，如一五三〇年的《奧斯堡信條》和一五七七年的《協和信條》（*Formula of Concord*）。

早於十六世紀，信義宗思想已傳達歐洲多個國家，包括德國、丹麥、挪威、冰島、瑞典、芬蘭、波蘭和匈牙利等，成為其中部分地區的國教。隨著歐洲人往美洲新大陸的移民潮，信義宗亦於十七世紀傳到北美，且在十八世紀蓬勃發展。此後，歐美兩地的信義宗均努力推行海外宣教，在亞洲、非洲、澳洲和拉丁美洲各處建立信義宗教會。自一八一七年開始，信義宗各派逐漸邁向統一；他們在一九二三年組成世界信義宗聯會（Lutheran World Convention）；一九四七年於瑞典發展成世界信義宗聯合會（Lutheran World Federation），總部設在瑞士日內瓦。

信義宗系中港的發展

信義宗最早來華的宣教士是荷蘭傳道會的郭實臘（Karl F. A. Gützlaff）；自一八三一年起，他多次沿中國海岸傳教。一八三三年他成功進入中國廣州，冒險傳福音。一八四二年香港遭割讓歸英國，郭實臘即以香港為基地，任香港政府的中文書記；一八四四年他創立福漢會，向華人講授基督教真理，差遣明道者進入內地傳道。期間郭實臘寄函返歐，見證中國的福音需要，引發多個差會相繼來華。

香港的信義宗體系有許多支派，反映各自不同的來源。其中最早建立的是一八四七年來華，由德國及瑞士教會聯合支持的巴色差會（Basel Mission）。他們以客家羣體為主要宣教對象，以香港為基地。一九二四年，中國崇真總會成立，香港為其附屬區會。一九四九年中國共產黨執政後，內地政局不穩，香港區會遂與內地總會脫離關係；並於一九五六年在香港註冊，取名基督教香港崇真會（Tsung Tsin Mission of Hong Kong）。該會現有堂會二十二間。

源自德國巴冕差會（Barmen Mission）的中華基督教禮賢會（The Chinese Rhenish Church），同樣開始於一八四七年。早期該會的宣教士逗留香港只為學習中文，然後便北上傳道。一八九八年差會為遷居香港的內地信徒舉行主日崇拜，香港的福音事工才正式開展。一九二九年香港的禮賢會召開首次區議會，翌年即成為自理區會。該會現有堂會十八間。

另一個德國信義宗來華傳教的巴陵差會（Berlin Mission），則於一八五〇年差派宣教士來華。一九二〇年該會與其他信義宗差會組成中華信義會，共同辦理東南亞信義神學院。一九四八年信義神學院從湖北灄口遷至香港，畢業生在港傳道建堂，信眾不斷加增。一九五四年各堂會聯合召開首屆總議會，成立基督教香港信義會（Evangelical Lutheran Church of Hong Kong）。該會現有堂會五十二間。

除上述最早來華，統稱「三巴」的信義宗支派外，香港尚有港澳信義會（Hong Kong and Macau Lutheran Church），該會源自一八九四年來華之挪威信義中國傳道會（Norwegian Lutheran China Mission），一九七八年自立，現有堂會六間，佈道所三間。香港路德會（Lutheran Church-Hong Kong Synod）源自一九一五年差派宣教士來華之美國路德會（Lutheran Church-Missouri Synod），一九七七年自立，現有堂會三十四間，佈道所八間。另外還有南亞路德會（South Asian Lutheran Evangelical Mission），該會於一九七七年由美國威斯康辛州路德會差派宣教士來港成立，現有堂會八間。

以上六個信義宗支派現已聯合組成香港信義宗聯會，彼此團契合作。暫未加入此聯會的，是現有堂會五間的粵南信義會。

3 改革宗系

改革宗、長老宗和公理宗有何差異？

改革宗（Reformed Churches）一詞有三重含義：有用來泛指一切於宗教改革產生的教會，意義與基督新教（Protestants）類同。有較準確地專指自慈運理和加爾文等改教家衍生而出的教會，當中包括改革宗、長老宗和公理宗等，他們通稱加爾文派（Calvinists），有別於源自德國的信義宗（Lutherans）。此詞亦有單純專指仍保留改革宗名號的教會，長老宗和公理宗等皆被排拒於外。

改革宗系的歷史源流

改革宗教會最早可溯源自一五二三年慈運理在瑞士蘇黎世（Zurich）的改革。面對當時羅馬公教有違聖經的種種要求，如強迫聖職人員守獨身、信徒嚴守大齋期的禁食，當時身為民眾教士的慈運理挺身而出，成功爭取市議會通過近乎唯獨聖經的法令，且提出《六十七條信綱》（*Sixty-Seven Articles*），否定彌撒、煉獄等中世紀教義，瑞士德語區的宗教改革由此開始。在隨後數年，因著瑞士改教家們的努力，多個州郡如巴塞爾（Basel）、柏恩（Bern）等相繼加入。可惜在一五三一年的卡卑勒戰爭（War of Kappel）中，蘇黎世敗北，慈運理陣亡，改革受阻。

然而另一邊廂，瑞士法語區的改教卻因稍後加爾文在日內瓦（Geneva）的成功而大放異彩。一五三六年，加爾文因法惹勒（Guillaume Farel）的勸籲而留下推動改革；雖然初期曾經失利，但後來自一五四一年開始，日內瓦的改教發展便暢通無阻。在加爾文、伯撒（Theodore Beza）等改教家的領導下，日內瓦民眾不單信仰教義受到修正，羣體生活也得著更新，以致城市有「地上天堂」的美譽；許多渴慕敬虔的人蜂湧而至，加爾文改革宗的榜樣漸成改教典範。

在眾多曾在加爾文身上學習推動改教的人中，有來自蘇格蘭的諾克斯（John Knox）。一五五九年諾氏應邀從日內瓦返回蘇格蘭，在民族主義和宗教熱誠的驅動下，經歷不少困難，最終成功率領當地基督徒爭取改教，廢掉教宗權威，禁止進行彌撒，沒收公教資產，建立首個英語世界的改革宗系教會，此為長老宗（Presbyterian Churches）的開始。

此時另有一批因逃避英格蘭女皇瑪麗一世（Mary I）逼迫，而逃難到日內瓦的新教徒。一五五八年瑪麗離世，這批後來被稱為清教徒的人迅速返回英格蘭，盼望協助祖國推展改教；卻無奈碰到新任女皇伊利莎伯一世（Elizabeth I）為平衡公教和新教勢力而採納中間路線，清教徒對此甚感不滿。一五八〇年，深受長老宗影響的布朗恩（Robert Browne）脫離英格蘭國教自組教會；兩年後教會為免受逼迫而逃至荷蘭，布氏在此發表名著《不受任何攔阻的宗教改革》（*Treatise of Reformation without Tarrying for Anie*），倡議直接由神管治的會眾制度，成為公理宗（Congregational Churches）的綱領性原則。

改革宗系歐美的發展

隨著歷史發展，改革宗系內有多個信條與教理問答，反映著不同地域改革宗、長老宗或公理宗教會的信仰立場。其中最著名的，有一五六〇年的《蘇格蘭信條》（*Scots Confession*）、一五六一年的《比利時信條》、一五六三年的《海德堡問答》（*Heidelberg Catechism*）、一五六六年的《第二瑞士信條》（*Second Helvetic Confession*）和一六四七年的《威斯敏斯特信條》。

自十六世紀下半葉，改革宗系已擴散至歐洲多個國家，除前述的瑞士、蘇格蘭和英格蘭外，尚有荷蘭和法國等地。一六二〇年，一批清教徒乘船五月花號（Mayflower）橫渡大西洋抵達美洲新大陸，成為美國史上一批不容忽略的開國祖先，改革宗思想也由此傳入美洲，且迅速發展。此後，改革宗、長老宗和公理宗皆努力向外擴散，在全球各地建立本身的教會。改革宗系教會於二十世紀出現合一浪潮，一九五七年美國公理宗（Congregational Christian Churches）與福音改革宗（Evangelical and Reformed Churches）合併而成聯合基督教會（United Church of Christ），一九七二年英格蘭及威爾斯公理宗（Congregational Church in England and Wales）亦與英格蘭長老宗（Presbyterian Church of England）結合為聯合改革宗（United Reformed Church）。除地區宗派外，改革宗系亦在國際層面展現合一；一九七〇年兩個分別代表長老宗和公理宗的跨地域組織聯合，組成世界改革宗聯盟（World Alliance of Reformed Churches），該會現有成員宗派二百一十八個，分佈全球一百零七個國家。

改革宗系中港的發展

早於一八三〇年，美國公理會已有裨治文（Elijah C. Bridgman）抵達廣州，成為改革宗系首位來華傳教士。此後又有雅裨理（David Abeel）和伯駕（Peter Parker）等相繼加入；將宣教基地由南向北逐漸擴展。與此同時，美北長老會亦於一八三八年開始差遣俄爾（Robert W. Orr）等傳教士來華，積極傳道，在全國各地建立教會。一八四二年中國在不平等條約中逐步開放後，美南長老會、英格蘭長老會和蘇格蘭長老會亦相繼東來，形成強大的宣教力量。二十世紀初中國長老總會因見五四運動後中國民族意識高漲，遂提倡自養自治，擺脱洋教包袱，且鼓吹宗派合一；遂在一九一九年與公理宗、倫敦傳道會等代表召開會議，由此而衍生一九二七年成立的中華基督教會（Church of Christ in China）。雖然中華基督教會成員來自不同宗派，但由於其改革宗系的根源深厚，故現時仍屬前述世界改革宗聯盟的成員。香港最早期的改革宗系教會，包括一八八三年成立的公理堂和始於一九一〇年的長老會堂，現時皆歸屬於中華基督教會內。

今日香港惟一仍保持改革宗系傳統和名稱的，是源自一八一〇年於美國田納西州金巴崙郡成立的金巴崙長老會（Cumberland Presbyterian Church）。此宗派於二十世紀五十年代初來港，至今有堂會九間。

聖公宗系 4
如何演變成今日的香港聖公會？

聖公宗（Anglican Communion）又譯「安立甘宗」，原意指「英格蘭的教會」。今日這名稱代表一切以坎特伯雷宗座（See of Canterbury）為領導的主教制教會羣體；當中包括英格蘭國教、全球各地的教省和數個獨立教會。

聖公宗系的歷史源流

英國改教的根源，最早可上溯至十四世紀威克里夫（John Wycliffe）的革新思想。然而聖公宗的形成，卻要到十六世紀歐洲大陸改革浪潮洶湧澎湃之時，才正式開始。聖公宗始創自英格蘭皇亨利八世（Henry VIII），當時他因皇后嘉芬（Catherine of Aragon）未能誕下男嗣，心恐帝位無後承繼，同時又戀上宮庭女宮安寶蓮（Anne Boleyn），逐計劃休妻另娶；無奈要求遭羅馬教宗拒絕。為達成心願，亨利於一五三四年借坎特伯雷大主教克藍麥之助，迫使國會通過《最高權威法》

（*Supremacy Act*），承認國皇為英格蘭教會最高元首，英格蘭教會由此獨立，斷絕與羅馬教廷的從屬關係。

亨利所建立的英格蘭教會並不穩固，國內仍有許多支持羅馬公教的貴族活躍。亨利死後，帝位傳給其年僅九歲的兒子愛德華六世（Edward VI），無奈愛德華體弱多病，才十五歲已因病離世。此時繼位的是嘉芬的女兒瑪麗一世，她憎惡亨利家族，積極策動英格蘭教會重返羅馬公教，殘酷殺害國內的新教徒，遂有「血腥瑪麗」的稱號。幸而瑪麗執政亦只得五年，一五五八年她病逝離去，國位轉由安寶蓮的女兒伊利莎伯一世承繼。為平行羅馬公教與基督新教勢力，伊利莎伯採中間溫和路線，除拒絕教宗權威和必要的教義外，禮儀盡量保留往昔羅馬公教的特色。一五五九年第一位由新教徒封立的坎特伯雷大主教馬太伯駕（Matthew Parker）就職，聖公宗於此完全落定，且在伊利莎伯治下不斷穩固。

聖公宗系歐美的發展

聖公宗的信仰權威是《三十九條信綱》，這信綱改編自克藍麥一五五三年草擬的《四十二條信綱》（*Forty-Two Articles*），一五六三年通過，一五七一年修訂。崇拜禮文方面，聖公宗廣泛採用《公禱書》（*Book of Common Prayer*），此書最早版本於一五四九年由克藍麥編訂，隨後幾經修訂再版；今日通用的是一九七五年的新版本。

首二百年，聖公宗除一六八九年成立的蘇格蘭聖公會（Scottish Episcopal Church）外，就只得原來的英格蘭國教。教士於外地建立的教會，皆直接從屬於英格蘭聖公會之下。這情況於美國獨立革命中獲得突破性的發展；一七八四年美國聖公會正式成立，第一位本土主教西伯立（Samuel Seabury）於同年獲祝聖就職。為保存聖公宗內部合一，英格蘭國會於一七八六年通過，允許世界各地的聖公會主教於英格蘭授封，由此開始聖公宗於海外成立教區的趨勢。此後，印度、澳洲、紐西蘭等地相繼成立聖公會教區。一八三五年聖公宗開始出現完全獨立於坎特伯雷宗座的海外教省，同類體制後來逐漸於世界各地普及。今日，聖公宗系共有成員組織四十四個，遍佈全球各地，當中包括三十四個教省、四個聯合教會和六個別類教會羣體。聖公宗系每約十年於蘭伯特（Lambeth）召開主教會議；最近一次會議於一九九八年召開，出席主教超過八百位。

聖公宗系中港的發展

聖公宗最早來華的，是一八四〇年抵達澳門的美國聖公會傳教士文惠廉（William Jones Boone），一八四四年英國坎特伯雷大主教封立他為傳教主教。此後，美國聖公會便在華擴展傳教事業，先後成立上海教區、漢口教區和安慶教區。《南京條約》簽訂後，英國聖公會亦在一八六三年開始差派宣教士進入中國內地，建立華北教區和山東教區。其餘曾在華開展福音事工的聖公宗組織，尚有於印度成立的聖公會女部（Church of England Zenana Missionary Society）和加拿大聖公會等。

香港方面，由於聖公會為英國國教，香港遭割讓歸英國後，聖公會也順理成章在香港建立。早期創會者為一八四三年來港的史丹頓牧師（Vincent Stanton）；他早年曾隻身前赴廣東傳道，惟不久即被官府拘禁，獲釋後返回英國，受按立為聖品後重來香港。在港期間，史牧師創建聖保羅書院培訓華人信徒，又成立香港第一間教會聖約翰座堂，牧養英國僑民。一八四九年英國聖公會為擴展在華事工，成立維多利亞教區，並祝聖施美夫（George Smith）為首任主教，教區範圍包括香港、中國和日本等地。一八六三年施主教按立首位華人聖品羅深源為會吏，開展華人福音工作；兩年後第一所華人教堂聖士提反堂落成啟用。

一九一二年各地來華的聖公宗教會聯合組成中華聖公會，香港的華語教堂被歸入港粵教區。因此在一九一二至一九五一年間，香港的聖公會擁有雙重身分：一個包括所有中、外語教堂的維多利亞教區，另一是只涵蓋華語教堂的中華聖公會港粵教區，主教均為同一人。因著中國內地的政治變遷，香港和澳門的教堂於一九五一年脱離中華聖公會，自立為港澳教區，由何明華出任首位主教，四十多年來一直不隸屬於任何教省。

基於發展需要，並符合普世聖公宗的規定，港澳教區於一九九一年開始籌備成立教省。教省包括香港島教區、東九龍教區、西九龍教區和澳門傳道區。隨著一九九五年兩位分區主教的祝聖，香港聖公會教省（Hong Kong Sheng Kung Hui）終在一九九八年正式成立，鄺廣傑為首任大主教兼教省主教長。現今香港聖公會共有教堂五十間，分佈港澳各地；其中香港島教區有教堂十六間，東九龍教區十八間，西九龍教區十一間，澳門傳道區則有五間。

5 浸信宗系

各派浸信會從何而來？

有關浸信宗的源流，歷來有許多不同見解。有説浸信宗乃源自耶穌的先鋒約翰在約旦河邊的施浸，有説是二千年教會歷史中許多類同思想的延續；然而最多人接納、最可信的，是源自宗教改革後瑞士的重浸派和英國的分離派清教徒。

浸信宗系的歷史源流

重浸派來自一羣原初參與慈運理在瑞士改教工作的信徒領袖。約一五二四年，他們在查經中體會當時流行的嬰兒水禮並不合乎聖經，認為悔改歸信必須在接受水禮以先，因而從改革宗分別出來；他們強調平信徒運動，活躍於瑞士、德國和荷蘭等地。相對地，清教徒則來自十六世紀中葉的英格蘭，他們不滿女皇伊利沙伯的宗教改革不夠徹底，要求取消主教制度，改用簡化的宗教禮儀。

一六〇九年分離派的史邁德（John Smyth）和赫爾維（Thomas Helwys），率領一眾在英格蘭受逼迫的清教徒，逃往荷蘭阿姆斯特丹。期間部分成員嘗試與荷蘭重浸派中的門諾會信眾聯結，合成荷蘭浸信教會。另一些不同意此種結合的成員隨即返回英格蘭，並於一六一二年始創最早期的浸信宗教會，名為普及恩典浸信會（General Baptist Church），倡議亞米紐斯主義。此後在一六三三年，支持加爾文主義的依頓（Samuel Eaton）創立了特殊恩典浸信會，成為浸信宗另一個重要源頭。伴隨著十七世紀歐洲人遷往美洲新大陸的移民熱潮，浸信宗信徒於北美不同地區組織教會。北部新英格蘭首間成立的，是一六三九年由威廉士（Roger Williams）領導的普洛維頓斯浸信會（Providence Baptist Church）；中部最先成立又存留至今的，是高以利（Elias Keach）於一六八八年建立的賓尼泊浸信會（Pennepack Baptist Church）；而南部首間浸信宗教會，是斯理文（William Screven）創立、源流始自一六八二年的查爾頓第一浸信會（First Baptist Church of Charleston）。

浸信宗系歐美的發展

英國的浸信宗教會自成立至今，經歷過多次起跌，曾經衰微，又多次復興。其中較著名的是十八世紀末的新結連運動（New Connection），重拾正統教義，在信仰實踐上作出革新。英國浸信宗自一九〇六年開始，持續面對會眾人數下降的困擾，近年因著內部牧養模式的更新而漸見復興。

在英國的浸信會掙扎求存的同時，北美的浸信會卻因美國大覺醒（Great Awakening）而一再經歷復興，人數不斷加增。自十九世紀開始，浸信會已成為美國第一大宗派。對此處的浸信宗來説，最大的挑戰不是宗教低落，而是內部多次的分裂，當中有地域性、信念性，也有人為性；其中爭議最劇烈的是黑奴問題。一八四五年美國南北部的浸信會分裂為兩個獨立的體系：美南浸信會聯會（Southern Baptist Convention）和美北浸信會聯會（Northern Baptist Convention），後者於一九五〇年改名為美國浸信會聯會（American Baptist Convention）。雖然兩個聯會如今仍獨立運作，但近年已經常合作，彼此配搭。

自十八世紀末克理威廉（William Carey）揭起普世宣教運動開始，浸信宗即跨越英、美國界，努力將福音傳揚，在全球各地建立浸信宗教會。為促進浸信宗各教會間的合作，一九〇五年世界浸信會聯盟（Baptist World Alliance）於倫敦成立；該會現有會員二百一十四個，全是分佈世界各地的地區性浸信會聯會組織。

浸信宗系中港的發展

早期浸信宗對華的宣教工作，大多以香港、澳門為中途站，以中國內地為主要對象。其中最早來華的，是美南浸信會海外傳道會的叔未士（J. Lewis Shuck），他於一八三六年抵達澳門，一八四二年遷至香港。隨後來華的，有同屬美南浸信會的羅孝全（Issachar J. Roberts），和美北浸信會的粦為仁（William Dean）。浸信宗早期在中國的宣教工作頗為成功，在地域上不斷擴展，不單信徒人數不斷上升，還開設有許多不同種類的社會服務工作，如醫院、學校、神學院和出版社等。惟一九四九年中國共產黨執政並排拒外國宣教士後，浸信宗在華的福音工作才撤退至香港及其他東南亞國家。

香港最早的浸信宗教會，是叔未士和粦為仁經港入華時，所建立的香港堅道浸信教會和長洲浸信會，她們同於一八四二年香港開埠時成立，先後次序至今仍具爭議。今日的香港浸信會聯會（The Baptist Convention of Hong Kong）始於一九三八年，原名香港基督教浸信會聯會，成員包括所有當日由美南和美北浸信會差會所建立的堂會。今日，香港浸信會聯會仍是全港最大的宗派，有獨立堂會九十三間，福音基址五十九間，會友超過六萬五千二百人。

香港同時有一些規模略小的浸信宗派系。萬國宣道浸信會（Association of Baptists for World Evangelism）原為一個宣教組織，一九二七年由湯姆士醫生（Dr. Raphael C. Thomas）聯同幾位宣教士創立，一九五一年開始在港建立教會，現有堂會三十間。浸信宣道會

(Conservative Baptist Foreign Mission Society)原來亦為一宣教組織，一九四三年於美北成立，一九六三年首位宣教士菲榮基（Bob Philips）來港開展福音工作，至今有堂會十四間。此外，香港以浸信宗名號建立的，還有美中浸信會（Baptist Mid-Missions）和真理浸信會（Truth Baptist Church），各有堂會數間。

循道宗系 6

循道衛理聯合教會與循理會同出一源？

十八世紀，約翰衛斯理與懷特腓德（George Whitefield）等人在英國激起奮興傳道浪潮；循道宗（Methodist Churches）就是指源自他們此時所創立之會社的教會宗派。

循道宗系的歷史源流

主後一七三九年開始，約翰衛斯理和懷特腓德等人在英國各地舉行露天佈道會，吸引多人悔改歸信。為牧養這些羣眾，他們組織會社，邀請未獲按立的平信徒協助宣講教導的工作。隨著會眾人數不斷增長，會社組織也逐步擴充；一七四六年，不同地區的會社開始聯結，選出監督統領，分區治理。

約翰衛斯理原來無意脱離英國聖公會國教，因此一直不自立教會，羣眾只以會社形式牧養。惟因現實運作需要，循道宗在一七八四年開始組成百人議會，領導運作發展；一七八七年正式註冊。一七九五年議會通過

《鎮撫計劃》（*Plan of Pacification*），允准循道宗堂會自行施行水禮、聖餐、婚禮和喪禮等各種禮儀，與議會連結的傳道者可獲授聖職，標記著循道宗教會正式脫離英國聖公會而自立。

循道宗系歐美的發展

循道宗的信仰權威是《二十五條信綱》（*Twenty-Five Articles*），此信綱乃參照聖公宗《三十九條信綱》而制定，草擬於一七八四年。循道運動發展迅速，很快已在英國和美洲各處傳遍，建立教會。然而與此同時，循道宗亦經歷多次分裂與聯合，發展可謂波折重重。

在英國，約翰衛斯理離世僅六年，一羣追求徹底與英格蘭聖公會割裂，並鼓吹平信徒參與領導的羣體，於一七九七年從原來的衛理會（Wesleyan Methodist Church）分離出來，自組循道新連結（Methodist New Connexion）。此後，又有一八一一年組成的原始循道會（Primitive Methodist Church）、一八一五年的聖經基督徒（Bible Christians）、一八二七年的復原教循道會（Protestant Methodists）和一八三六年的衛理聯會（Wesleyan Methodist Association）；分裂原因多屬領袖管治性，而非信仰教義性。隨著十九世紀下半頁普世合一運動的影響，英國的循道宗後來亦經歷多次合併，將差不多所有分離羣體重新聯結。一八五七年，復原教循道會與衛理聯會合併而成聯合循理會（United Methodist Free Churches）；此組織在一九〇七年與循道新連結和聖經基督徒聯合，同組聯合循道會（United Methodist Church）；一九三二年，聯合循道會又與原來的衛理會和原始循道會合併，由此產生存留至今的英國循道會（Methodist Church in Great Britain）。

循道宗在美國的宣教擴展，最早可追溯到一七六八年英國循道會尚未獨立之時。當時一批早期傳教士如亞斯伯利（Francis Asbury）等，在約翰衛斯理的呼籲下，前赴美國傳播循道宗信仰。在大覺醒的氛圍下，美國的循道監督會（Methodist Episcopal Church）急速增長。然而，因著美國南北內戰、廢除黑奴和聖潔運動等事件的衝擊，循道監督會出現了嚴重的內部衝突。單在一八一六至一九〇八這不足一百年間，已相繼分裂產生非洲美以美會（African Methodist Episcopal Church）、非洲美以美錫安教會（African Methodist Episcopal Zion Church）、美普會（Methodist Protestant Church）、美國衛理公會（Wesleyan Methodist Church of America）、北部的美以美會（Methodist Episcopal Church, North）、南部的監理會（Methodist Episcopal Church, South）、循理會（Free Methodist Church）、基督徒美以美會（Christian Methodist Episcopal Church）、聖徒聖潔會（Pilgrim Holiness Church）和拿撒勒人會（Church of the Nazarene）。到二十世紀，美國的循道宗才漸見聯合；其中較廣獲關注的是一九三九年美普會、美以美會與監理會的合併，該會後來在一九六八年再與福音派聯合弟兄會（Evangelical United Brethren Church）連結，組成龐大的聯合衛理公會（United Methodist Church）。然而美國至今仍有許多規模較小的循道宗羣體，獨立運作，未見聯合。

除英、美兩地，循道宗亦在十九世紀的普世宣教運動中擴散到世界各地。一八八一年於英國倫敦成立的世界循道衛理宗協會（World Methodist Council），現有成員宗派一百零五個，遍佈全球各地，每五年召開五百人議會一次。

循道宗系中港的發展

循道宗來華始於鴉片戰爭之後。一八四七年，美國北部的美以美會率先差派傳教士柯林斯（Judson Dwight Collins）等人到福州；翌年南部監理會亦有傳教士經香港到上海建立宣教基地。一八五一年，英國循道會義務教士俾士（George Piercy）自費經香港到廣州傳道，建立教會。

雖然香港早於一八四二年被割讓歸英國，有宗教自由，但循道宗早年在華的宣教事工，差不多全部都在中國內地。一八八二年，十一位從廣州和佛山來港的英國循道會信徒，有見於香港沒有華人循道會堂，遂聯署要求廣州教區年議會協助建立教會，成為循道會在港奠基之始。一九四九年中國共產黨執政，香港循道會脫離原屬的華南教區，獨立發展。而一直沒有在港建堂，由美國美以美會和監理會等合併而成的衞理公會，亦於五十年代初南下來港。這英國背景的循道會和美國背景的衞理公會各自在港發展；一九七五年兩會正式聯合，組成香港基督教循道衞理聯合教會（The Methodist Church, Hong Kong）。為見證合一，原屬英國循道會的香港英語循道會，亦於一九八八年加入而成英語聯區。全會現有堂會二十四間，佈道所三間。

至於同屬循道宗系的香港循理會（Hong Kong Free Methodist Church），則源自一八六〇年因鼓吹過簡樸聖潔生活而分裂出來的美國循理會。該會於一九〇四年首派傳教士來華，以上海、鄭州為基地。一九四九年政權易手後，循理會亦隨難民潮遷到香港。該會曾幾度易名，一九八六年才正式註冊為現有名稱。香港循理會現有堂會十五間。

值得一提，一九〇八年自美國北部美以美會分裂出來的拿撒勒人會，亦早於一九一五年來華，一九七六年在香港成立獨立宗派，中文名稱定為宣聖會。該會現時在香港有堂會四間。

7 播道會系
何時從宣教組織變成宗派？

播道會（Evangelical Free Church）是近代十九世紀末才興起的宗派組織，由於增長迅速，很快已成為人數、堂會眾多的大宗派。播道會有很獨特的宗派性，香港的中國基督教播道會網頁如此描述：「播道會是一個宗派，但有時又似乎不像一個宗派。傳統的播道會，因著信仰的立場及屬靈的質素，一向都表現出很強的向心力，但卻沒有被規條所約束。這種現象與播道會的背景及信仰特色有直接關係。」要真正認識播道會，就必須先了解其歷史源流。

播道會系的歷史源流

播道會最早可溯源自北歐包括瑞典、挪威和丹麥諸國的斯堪的那維亞（Scandinavia）。當時這些國家皆以信義宗為國教，屬靈比較低落。於是一些追求神話語教導的人，開始在家中查經，生命由此得著更新，逐漸形成復興浪潮。十九世紀後期，一些受復興影響的北歐信徒移居北美；他們組織差傳會（Mission Societies），周遊各地傳道，引領不少人歸主。

由瑞典信義宗信徒於北美建立的教會，曾因組織和立場分歧而出現分裂。一八八五年，兩個瑞典信義宗議會合併而成後來的美國瑞典福音差傳聖約教會（Swedish Evangelical Mission Covenant Church of America）。一些不支持合併的教會領袖如范嵐生（Fredrik Franson）等，則於一八八四年召開會議自組獨立教會。這教會幾經易名，一九〇八年取名為美國瑞典播道會（Swedish Evangelical Free Church of USA）。

挪威和丹麥的信徒方面，他們在一八九一和一八九八年成立兩個差傳協會，一個服事西方，一個專責東方。一九一二年兩個差傳協會合併，組成挪威與丹麥播道會協會（Norwegian and Danish Evangelical Free Church Association）；名稱後來簡化為播道會協會（Evangelical Free Church Association）。

一九五〇年，前述來自瑞典的美國瑞典播道會，與挪威、丹麥背景的播道會協會合併，美國播道會（Evangelical Free Church of America）於此正式成立。除美國外，加拿大亦於二十世紀初出現類似組織，名為加拿大播道會（Evangelical Free Church of Canada）。

播道會系歐美的發展

播道會一直重視基督徒信仰自由，只鼓吹追求敬虔，因此宗派沒有制定任何信經，也避免在一些爭議性的教義上糾纏，不論加爾文派或亞米紐斯派，灑水或浸入式的水禮，皆可在播道會中獲得兼容。他們只強調聖經的默示和權威，並一些基本教義：如聖父、聖子、聖靈三位一體的真神，耶穌基督道成肉身和受死復活的救贖，及人類的受造和墮落等。

此外，由於播道會的成立原以差傳宣教為主，因此成立不久即開始四處傳揚福音。其中中國是北美播道會第一個宣教重地，一八八七年即有宣教士被差來華。當中國的事工逐步踏上軌道，播道會再分別於一九二〇和一九二二年在南美委內瑞拉和非洲扎伊爾開展傳道工作。第二次世界大戰後，多處工場陸續開放；今日，播道會已遍及日本、菲律賓、新加坡、馬來西亞、德國、比利時、奧地利和法國等地，且逐步向其他國家如巴西、墨西哥、祕魯等邁進。

播道會系中港的發展

基督教播道會原來取名美瑞丹那教會，意指由瑞典、丹麥、挪威三國的僑美基督徒聯合組成的信仰羣體。十九世紀八十年代，丹麥裔青年寬夸倫（Hans J.

von Qualen）抱持宣教心志完成慕迪神學院的訓練，在芝加哥公理宗禮拜堂事奉，致力華僑佈道工作；期間認識了蕭雨滋與吳碩卿二人，互相契合。在一八八七年的年議會上，寬夸倫述説其來華心志，獲大會差派到中國傳道，成為播道會首位來華宣教士。

一八八七年末，被譽為中國基督教播道會會祖的寬夸倫、蕭雨滋和吳碩卿三人開始在華傳教。初期他們以廣州為基地，每日開堂講道，雖困難重重，信主人數卻逐漸增多。一八九三年他們購入店舖，改建為正式禮拜堂，是為中國基督教播道會第一間堂會。一九一一年辛亥革命成功後，中國人民擁有信仰自由，傳教機會大增，事工迅速擴展。一九一八年會友大會議決組成美瑞丹公理會，選出長老及執事推動會務；一九二〇年成立中西董事聯合會，建立華人信徒自養自傳，成為播道會本土化的重要里程碑。一九三一年會名正式修訂為中國基督教播道會（Evangelical Free Church of China），以反映其信仰精神。

因見國民遷徙來港，為妥善牧養傳道，播道會於一九三七年開設第一間香港支堂——太子堂，就是天泉堂的前身；隨後一九三九年又開設侯王堂，即恩泉堂的前身。一九四九年中國共產黨執政，播道會粵省各支堂因環境需要，與香港各播道堂會分離，自組播道會番、增、穗區聯會；而中國基督教播道會總會則於一九四九年遷港，全力發展香港福音事工，直到今天。今日，紮根香港的中國基督教播道會共有堂會及福音堂共四十八間，遍佈港、九、新界各處；另有神學院、醫院、兒童之家、出版書樓及差會等不同事工。

最後值得一提，香港有一個與播道會源流相約姊妹宗派，就是基督教聖約教會（Mission Covenant Church）。此宗派於一八八四年在挪威成立，范嵐生同樣為其創立人之一。聖約教會於一九〇〇年開始差派宣教士來華，一九四九年後南下來港發展。現時香港的聖約教會共有堂會十一間，另有中學、小學、幼稚園、幼兒園、頤養院和老人中心等不同社會服務。

宣道會系 8

中華宣道會因何不屬於宣道會香港區聯會？

基督教宣道會（Christian & Missionary Alliance Church Union）的誕生，乃承接自十九世紀美國的五個運動：傳福音運動、聖潔運動、神醫運動、海外宣教運動和前千禧年的基督復臨運動。由此而衍生出宣道會的「四重福音」，宣揚基督是救主、是醫治的主、是使人成聖的主，也是再來的主。

宣道會系的歷史源流

宣道會於一八八七年在美國創立。其創辦人宣信（Albert Benjamin Simpson）原屬蘇格蘭長老宗傳統，一八六五年獲按立後一直在加拿大及美國的長老宗教會事奉。一八七四年他被聖靈充滿，將聖潔觀念與其原來的改革宗信仰結合，成為其牧職的轉捩點。宣信對教會使命的立場，跟傳統長老宗的分歧愈來愈大；終在一八八一年決定辭別事奉多年的長老會，重新受浸；翌年自建一所不屬於任何宗派的堂會，名為福音會幕堂（Gospel Tabernacle）。

其後，宣信在美國開展不同福音事工：出版宣教書籍、建立聖經學院、組織宣教聯會和成立信心治療之家等。一八八七年，他成立基督徒聯盟（Christian Alliance），協助北美傳道及醫治工作。隨後又創立福音主義宣教聯盟（Evangelical Missionary Alliance），藉出版刊物及團結力量推動普世宣教事工；聯盟於一八八九年易名國際宣教聯盟（International Missionary Alliance）。一八九七年，基督徒聯盟與國際宣教聯盟合併，由此產生今日的宣道會（Christian & Missionary Alliance）。這時期的宣道會只為一個差傳組織，並未以宗派自居。

宣道會系歐美的發展

成立不久，宣道會在一九〇六至一九一一年間，因著靈恩運動的影響而出現內部分歧，幾位同工離開，成為後來神召會早期的中堅分子。為了避免當時靈恩運動的影響，宣道會在一九一二年通過新會章，促使宣道會朝向宗派組織發展。一九一七年美國捲入第一次世界大戰時，宣道會發展未受影響，且逐步擴展、愈具規模；當時美國本土三十四個州建有宣道會堂會，同工二百七十位，且有海外宣教工場十六個，宣教士二百九十二名。一九一九年宣信離世，宣道會由魅力領導進一步過渡到健全組織，神學教義上也逐漸建立起自己的信仰立場。

第二次世界大戰期間，宣道會多位宣教士喪生，大量財物損失。然而戰爭結束後，其宣教事工卻又迅速擴展；單在一九四五至一九五〇年間，新增前赴飽受戰火摧殘地區的宣教士，已多達二百五十位。五十至七十年代，宣道會開始推行本地化政策，鼓勵各宣教工場以發展自立教會為目標，將教會管理權交回本地信徒領袖手中。一九七四年，宣道會在年會上正式通過，從原來超宗派宣教運動的身分，改組成為宗派組織。一九七五年，國際宣道會團契（Alliance World Fellowship）成立，成員包括世界各地五千八百四十五間地方堂會，標誌著會內新的合作模式與教會關係。至此宣道會已完全由北美一個屬靈運動，蛻變而成一個普世性的宗派。至二〇〇三年末，宣道會已有地方堂會遍佈全球八十一個國家；且分有六個區域性團契，包括亞太區、非洲區、歐洲與中東區、北美區、拉丁美洲區，和專為華人而設的世界華人宣道會團契。

宣道會系中港的發展

宣信很早期已有來華傳教心志。創立宣道會不久，他便差派第一位來華傳教士賈錫德（William Cassidy）

前赴中國，惟因途中染上天花而死於日本橫濱，無緣踏足中國。一八九三年宣信親自來華視察，決定按宣道會的宗旨，不在別人已立好之根基上建造，選擇向華西及內陸遍遠省分，如四川、貴州、甘肅、西藏等地區傳教。宣信隨即派黎萊爍（D. W. LeLacheur）為東亞宣道差會總監，總部設在安徽蕪湖。一九〇〇年義和團之亂，許多教堂被焚，宣教士殉道，宣道會被迫將總部移到較安全的武昌，然而其向遍遠地區傳道的努力，此時未見休止。

抗日戰爭爆發後，大批宣教士被迫撤離工場；隨後國共內戰，事工難於政局不穩的情況下復原。一九四八年宣道會召開全國性首腦會議，決定成立中國基督教宣道會全國執行委員會；翌年美國宣道會國外事工部總幹事施耐德（Alfred C. Snead）來華，決定將在華事工交由華人自理。中國共產黨一九四九年執政後傳教工作受阻，一九五二年最後一批宣道會宣教士離華。

基於專向未得之地傳道的宣教原則，宣道會一直未有以香港為傳教據點。惟因香港位處華南交通要塞，是支援中國內地事工的良好後勤基地，所以宣道會西差會在香港設立了辦事處，兼讓宣教士家眷暫停居留，這是宣道會與香港連上關係的開始。一九三七年日本全面侵華，大量難民湧進香港，當中包括相當數目的基督徒。有鑑於這些華人信徒在香港缺乏聚會地點，當時負責照顧在港西教士子女的牧師貝光道（John Bechtel），於九龍塘設立一福音堂，成為宣道會在香港第一間堂會。不久香港淪陷，身為美國人的貝光道被關進集中營，教會被迫由華人信徒自理。一九四五年重光後，西差會見華人會友的勞苦漸見成效，遂同意讓福音堂繼續由華人管治。教會於一九五四年覓地建堂，翌年易名「香港九龍塘基督教中華宣道會」；該會不隸屬美國宣道會，故此後來亦沒有歸入香港區聯會內。

宣道會積極在港發展，要到一九四九年中華人民共和國成立後才正式開始。當時中美交惡，中共政權下令驅逐所有在華西教士，於是宣教士來港等候差會指示。期間眼見難民大量湧入，有些西教士對華人有濃烈感情，遂決定留港事奉。五十年代宣道會除在調景嶺等難民聚居處服務外，還積極發展新界與離島事工；到六十年代才轉到市區立會建堂。一九五八年宣道會香港區聯會成立，負責統籌、聯絡與協調各會員堂；一九六八年西差會將一切物業轉交區聯會名下，香港的宣道會至此完全由本地華人治理。宣道會香港區聯會現共有堂會一百零三間，是香港第二大宗派。

9 五旬宗系

五旬節會、神召會、四方福音會一脈相承？

五旬宗（Pentecostal Churches）泛指源自二十世紀初五旬節運動（或稱靈恩運動）的一系列宗派組織。雖然他們各有些微差異，但大都強調靈浸方言、聖靈充滿和活潑敬拜，且相信聖靈要賜下諸般恩賜以建立教會。

五旬宗系的歷史源流

五旬宗最早可溯源到十九世紀美國的聖潔運動，這運動強調基督徒的成聖生命。到十九世紀末，該運動開始有羣體提倡要追求五旬節般的靈浸，由此而衍生後來的五旬節運動。原來聖潔運動的羣體對靈浸追求意見分歧，有堅決拒絕，也有大力支持；源流可追溯到一八九八年的五旬節聖潔會（Pentecostal Holiness Church），便是此時倡導靈浸的羣體之一。

五旬節運動始於美國肯薩斯州托畢卡鎮（Topeka, Kansas）的一所聖經學院，其創辦人就是號稱「靈恩之父」的柏含。一九〇〇年柏含首先提出方言乃靈浸的憑證，翌年柏含的一個女學生奧斯文（Agnes Ozman）率先獲得方言經歷。隨後靈浸復興的追求不斷延續，擴散至鄰近各地。一九〇五年一位黑人聖潔會牧師西默開始隨柏含學習靈浸；翌年他將五旬節運動帶到洛杉磯。據說在他於艾蘇薩街（Azusa Street）建立的教會，曾連續三年出現聖靈澆灌現象，人數不斷上升，由此掀起遍及世界各地的五旬節運動熱潮。

早期的五旬宗信徒原想將信念推延至各處原有的教會羣體，無意自立宗派。無奈因屢遭排斥，惟有聚集志同道合，自組教會。他們組成的教會體系頗多；其中最大的，是一九一四年由三百多位五旬宗領袖在美國阿肯色州熱泉城（Hot Springs, Arkansas）組成的神召會（Assemblies of God）；而一九二三年由麥艾美（Aimee S. McPherson）於美國洛杉磯創立的國際四方福音會（International Church of the Foursquare Gospel），亦甚具規模。

五旬宗系歐美的發展

五旬宗教會隨一波接一波的靈恩運動而不斷擴展。一九一一年，五旬節聖潔會與信仰類同的火浸聖潔會

（Fire-baptized Holiness Church）合併；雖然後者的規模比前者大，但聯合後的宗派仍以五旬節聖潔會命名。早於合併以前，五旬節聖潔會與火浸聖潔會已有宣教士前赴香港、中國、非洲和印度等地；合併後，續有福音事工於不同地域開展。一九九〇年，第一屆五旬節聖潔會國際大會（The First World Conference of Pentecostal Holiness Churches）於以色列耶路撒冷召開，成為該會普世發展的里程碑。五旬節聖潔會現已遍佈全球多個國家；根據一九九九年統計，該會共有成員教會八千三百八十三個。

神召會方面，除一九一四年於美國成立的聯合組織外，加拿大和英國的五旬宗信徒，亦分別於一九一七年和一九二四年匯聚組成類似組織，無形中擴大了神召會的會眾人數與地域基礎。神召會最大的內部困擾，是黑人和白人的種族分歧；雙方曾各組聯會，近二十年後才復和合併。自成立之初，神召會已有強烈的宣教意識；現時神召會最大的聯合組織世界神召會團契（World Assemblies of God Fellowship），共有地區性宗派成員一百零七個，遍佈全球百多個國家。

同樣，四方福音會亦有頗為可觀的增長。在一九四四年創辦人麥艾美離世時，四方福音會已在北美建立了超過四百間教會，宣教站超過二百個。時至今日，四方福音會已在全球一百四十六個國家建立堂會，開枝散葉。

五旬宗系中港的發展

五旬宗最早來華的拓荒者是辛普送（William W. Simpson）。他早於一八九二年美國五旬節運動興起前已抵達中國，原先以宣道會宣教士的身分來華，後來在一九一五年轉投美國神召會。此後神召會宣教士大量來華，前仆後繼，於各處建立教會和社會服務。一九四九年中國共產黨執政後，神召會轉往台灣與香港發展。現時香港的神召會分有多個宗派組織：前身為香港神召會協會的神召會香港區總議會最具規模，現有十七間堂會及福音中心；以旺角亞皆老街神召會禮拜堂為首的亞洲神召宣教議會，現有八間堂會及支堂；華惠神召會、新界神召會和華人神召會各有會員堂二至五間。此外，還有多間獨立神召會堂會。因著美國和加拿大兩個神召總會欲將神召神學院之業權移交本地教會，神召事工有限公司（Ecclesia Ministries Limited）於二〇〇一年成立，成員包括多個前述宗派組織的堂會，共同管理神學院院政，成為神召會內各堂會互相合作的新平台。

最早的五旬為聖潔會宣教士，約於一九〇七年自美國來華，為此他們於二〇〇七年有多個百週年記念活動。現時香港的五旬節聖潔會，在總監督的領導下分有三個區會組織，分別為永光堂、香港區會和華人區會。

一九七七年成立的永光堂是香港最大的五旬宗教會，聚會人數約有五千；香港區會現有堂會九間，佈道所兩間；華人區會有堂會四間。值得留意，除五旬節聖潔會外，香港尚有由嘉活力（Alfred G. Garr）於一九〇七年來港時創立的五旬節會（Pentecostal Church）；由於嘉活力留港時日不長，五旬節會絕大部分時間皆由會內華人信徒領袖治理。五旬節會最初在港島聚會，一九二七年應教友要求於九龍設立支堂。一九五八年九龍支堂分裂獨立，原有物業歸香港母堂所有。為此由香港母堂發展而成的港九五旬節傳道會，現有香港和九龍兩所五旬節堂；而九龍五旬節會則經過一段艱苦漂流日子後，發展成今日擁有六間堂會的宗派。除此以外，以五旬節會命名的香港宗派，尚有規模較小的基督教香港聯合五旬節教會。

至於國際四方福音會，他們於一九三〇年代來華，首間創立堂會為華南四方福音會；現時他們在香港共有堂會八間。不可不知，一九五五年成立的基督教中華完備救恩會（Chinese Fullgospel Church）原來也屬五旬宗，由五旬節聖潔會宣教士帶領；只因要自立、自養、自傳，遂脫離美國差會而獨立，改由華人領袖治理；現時他們共有堂會七間。

一九九四年，神召會、五旬節聖潔會、五旬節會、四方福音會和中華完備救恩會等聯合組成五旬宗事工促進會，共同推展五旬宗聖工。

外來宗派 10

香港還有哪些主要的外來宗派？

除早前介紹的各主要宗派外，香港還有多個中、小型宗派。他們按源流可分為三類：附屬或連結於歐美總會的外來宗派、由外籍宣教士創立或協助建立的獨立宗派，及完全由華人基督徒領袖設立的本土宗派。本文將概述第一類外來宗派，第二、三類則會留待下文講論華人教會時逐一介紹。

基督教門諾會
Conference of Mennonite Churches in Hong Kong

門諾會為十六世紀重浸派一個分支，其源流可上溯到重浸派的創始人格列伯（Conrad Grebel）和滿慈（Felix Mantz）。改革家胡夫曼（Melchior Hofmann）將重浸派的信念帶到荷蘭和比利時一帶。一五三三年胡夫曼被敵對派系囚禁，其支持者分成兩派：一派由馬提哲（Jan Mattijs）帶領，鼓吹武力革命；另一派由門諾西門（Menno Simons）等領導，持守和平原則。一五三六年門諾一派組織成宗派，以門諾會（Mennonites）命名；他們堅守信仰自由、信而受浸、和平反戰、追隨基督、生活聖潔等原則。

一六四〇年代，門諾會開始移民美洲新大陸，並逐步擴散至不同州郡、不同國家。今日門諾會已成遍佈全球許多國家的宗派，每五年召開一次的門諾會普世大會（Mennonite World Conference），有來自六大洲共五十三個國家的九十七個地區宗派代表出席。一九五〇年門諾會中央委員會（Mennonite Central Committee）在香港成立遠東區辦公室，統籌鄰近亞洲國家的慈惠和宣教工作；一九五二年辦公室曾因經費不足而一度關閉，一九五八年重開。此後，門諾會一直努力服務香港市民大眾。現時門諾會在港共有堂會三間，並有不同社會服務。

香港基督教協基會
Church of United Brethren in Christ, Hong Kong

協基會的開始最早可追溯到一七六七年的美國。當時德語改革宗牧師奧圖賓（Philip W. Otterbein）與門諾會傳道伯麥（Martin Boehin）在主裏聯合，互稱弟兄，象徵兩個原來對立的宗派傳統在基督裏合一。為此協基會一直強調包容不同信仰傳統。奧圖賓和伯麥初時只推動一個鬆散的傳道運動；一八〇〇年第一次議會召開，協議成立協基會這組織來統籌事工發展，奧圖賓和伯麥獲推舉為監督。在他們二人的領導下，協基會逐漸被建立。

到一八八九年，會眾已增長達二十萬，有監督六位。為妥善管理這龐大信眾，有領袖提出修改憲章；惟當時憲章規定修章必須獲過半數會友支持，領導層認為要聚集十萬會眾投票贊同難於實行，遂決定不按規定修章。當時其中一位監督賴米頓（Milton Wright）強烈反對，認為修章非法。支持和反對修章者皆在會內有相當支持，結果分裂成兩個對立的協基會。今日的協基會主要源自賴米頓一派；而支持修章的，則於一九四六年與福音派聯盟（Evangelical Association）合併而成福音派聯合弟兄會，該會後來又於一九六八年與循道宗結合而成聯合衞理公會。

賴米頓的協基會不斷擴展，且往海外宣教。一九三二年他們曾在中國廣東建立學校，惜二次大戰和中共執政迫使事工停頓。一九五〇年趙恩賜等在香港重新建立協基會，且不斷擴展，於港、九、新界各處建立堂會。今日香港的協基會共有堂會八間，且有多種社會服務。

救世軍
Salvation Army

救世軍起源於一八六五年英國倫敦街頭，創辦人卜維廉原為循道會牧師，因看到貧苦大眾、邊緣人士被當時教會拒諸門外，遂辭去牧師之職，成立基督教佈道團，給這些人提供靈命上的牧養。佈道團工作迅速發展，很快遍及英國，且逐漸擴展至世界各地。佈道團於一八七八年易名救世軍，設立自己的制服和徽章，以軍隊形式對抗罪惡。現時救世軍仍以救助窮苦無助者為目標，成員遍佈全球一百零九個國家。

香港救世軍的歷史最早可追溯到一八九五年，當時准將賴科羅（Colonel Wright）偕同數位救世軍軍官從日本來港訪問。此時在駐港海陸英軍中，有二十多位救世軍軍兵居住九龍。為牧養他們，上尉史文斯（F. Symons）於一八九八年成立海員之家（Home for the Naval & Military League），讓這些軍人聚會。至於華人服務方面，救世軍早於一九一六年已在北京為當時的戰禍難民提供援助，其後服務迅速擴展至全國各地，一九三〇年正式在港開展事工。一九三七年，救世軍在九龍城成立首個部隊（教會）。今日，救世軍港澳軍區共有二十個部隊和兩個分隊，服務單位遍佈全港各地。

香港宣教會
Hong Kong Evangelical Church

香港宣教會源自遠東宣教會（Oriental Missionary Society），該會於一九〇五年由美國赴日宣教士高滿

（Charles Cowman），聯同日本教會領袖中田重治與吉寶崙創立。一九〇七年高滿返回美國，將遠東宣教會總部設於洛杉磯。此後，遠東宣教會繼續往世界各地開展福音事工，當中包括韓國、中國、印度、俄羅斯、莫桑比克和愛爾蘭等。由於事工逐漸超越遠東地區，遠東宣教會於一九七三年易名為國際宣教協會，總會設於美國印第安納州。今日，該會已遍佈全球四十二個國家。

宣教會於一九二五年已進入中國內地，且曾在上海建立聖經學院。他們在香港之事工始於一九五三年，當時文玉棠師母（Florence Munroe）來到香港，選召了五位中國同工與她合作，共同建立教會。一九五四年首間堂會成立，是為恩磐堂之前身。今日，宣教會在港已有相當規模，共有堂會十八間。

除上述四個，香港還有一些規模較小的外來宗派。例如一八〇九年於美國成立、一八八六年經已來華的基督會（Jiduhui），現時仍有一堂會活躍於香港葵芳。

第　五　部　分

華人教會

本部分集中討論中港兩地的基督教發展，大致以時間次序編排。讀者若要專注認識中國基督教的演進，可順序閱讀文章第一、二、四及九篇，如此就可合成整體中國教會歷史的宏觀概覽。若要認識香港教會的重要發展，則可選擇文章第三、五、六及八篇。至於第七篇〈聖書中譯〉和第十篇〈異端橫流〉，由於影響超越中港界限，故會一併討論兩地情況。

最早入華 1

福音究竟何時開始傳入中國？

在許多中國人心目中，基督教是洋教，是近數百年間才由外國傳入的非本土宗教。然而，若細心探究，會發現基督信仰早已傳入中華，時間極可能比現已融入中華文化的佛教還要早。

早期的證據

許多零散資料顯示，基督教在唐朝以前經已傳入中國。據説印度基督教派馬拉巴教會（Church of Malabar）有一本《迦勒底祈禱書》，宣稱是使徒多馬最先將福音傳到中國。董健吾譯的《中國基督教四大危急時期》，則將使徒巴多羅馬列為福音入華的先驅。在馬可勃羅（Marco Polo）的遊記中，記述他曾在福州發現一些基督徒，宣稱其信仰乃源自主耶穌七十門徒中之三位。天主教法籍北京主教樊國梁（Alphonse P. M. Favier）的《燕京開教略》提到，尼祿逼迫基督徒期間，部分信徒東來中國。這些資料雖屬片段，難於求證，但皆指向同一事實，福音早於主後六八年漢明帝永平年間傳入中國。二〇〇二年《江南時報》報道，中國基督教協會常務委員汪維藩，在江蘇徐州漢畫像石藝術館珍藏的漢畫石刻中，發現一批屬主後八六年東漢元和年間的畫像石刻，內有「上帝創造世界」、「五餅二魚」等聖經故事。印證了基督教於東漢經已傳到中國的見解。

唐朝的景教

大秦景教在唐朝盛行，是基督教早期入華史上最確實的事迹。一六二五年明熹宗天啟五年在西安出土的《大秦景教流行中國碑》，及隨後在敦煌石窟發現的多部景教經典，皆印證此事實。以往不少學者認為景教原為主後四三一年在以弗所大公會議上，被判為異端的涅斯多留派（Nestorians），後輾轉經波斯傳入中國；然而此立場近年始受質疑。景教約於主後六三五年唐朝貞觀年間入華，傳教士名阿羅本（Alopen）。景教在唐朝初年一直獲得禮遇，發展迅速；碑文甚至記載當時景教的盛況：「法流十道」、「寺滿百城」。景教曾於主後六八四年武則天執政年間遭打壓，但主後七一二年唐玄宗登位不久即恢復對景教的厚待。此後景教一直安穩在中國擴展，直到主後八四五年武宗因獨尊道教而除滅其他宗教為止。唐朝末年黃巢之亂，使景教差不多完全在中土消失，惟在北方邊疆外族民間仍略見存留。

元朝的也里可溫教

「也里可溫」意指拜上帝的人，是隨蒙古人入華之景教徒，及元朝直接從西方來華之公教徒的統稱。唐朝滅亡後，宋朝一直抱持閉關政策，福音難於入華。直到蒙古破金滅宋，原來散佈邊疆少數民族的景教，才隨蒙古人復現中原。蒙古大汗雖非信奉景教，但立場偏向友好；元室中更有不少屬景教徒，如元定宗貴由汗的母親禿剌乞納、元憲宗蒙哥汗的母親峻魯忽帖等。西方羅馬教廷聽聞蒙古人善待基督教，信主者眾，遂遣使訪問；盼能建立友好，並團結力量對付中東回教勢力。一二九四年方濟會修士蒙高未諾的約翰（John of Montecorvino）抵達中國大都，獲准居留傳道，領人歸主；他在華事奉三十四年，離世時全國已有逾萬公教信徒。遺憾此時的也里可溫教，不論景教或公教，皆只活躍於蒙古人及外國商人中間，未能紮根於漢人羣體；元朝滅亡，蒙古人被逐離開，也里可溫教也隨之在中原消失。

明清的天主教

論到天主教傳入中國，最為人熟悉的無疑是明末清初耶穌會傳教士的成就。宗教改革後，耶穌會在沙勿略（Francisco Xavier）的帶動下，開始往世界各地宣教，其中一個主要工場是當時仍屬對外封閉的中國。一五七三年范禮安（Alexandre Valignani）帶同四十多位不同國籍的傳教士，抵達當時已歸屬葡萄牙的澳門，透過研習漢學、知識交流和送贈禮物，他們終於成功打開中國福音之門。此時著名的傳教士，有羅明堅（Michele Ruggieri）、利瑪竇（Matteo Ricci）、湯若望（J. A. Schall von Bell）和南懷仁（Ferdinandus Verbiest）等。因著他們的努力和見證，公教信仰成功在華人士大夫中間紮根，甚至有皇族受洗入教。縱使屢遭毀謗，經歷南京教難與曆獄等衝擊，並明清改朝換代，教會仍能屹立於中國地土。可惜康熙年間，羅馬教廷強硬禁止中國教徒祀孔祭祖，由此而引發禮儀之爭，最後導致一七〇六年開始的禁教。雖然傳教受禁，此時的天主教會仍在中國地下活動；據說到一八〇〇年國內仍有二十五萬教徒在祕密聚會，人數且穩步增長。

新教來臨 2

基督新教為何到十九世紀才正式來華？

宗教改革於主後一五一七年爆發，基督新教的許多宗派，包括信義宗、改革宗、聖公宗、長老宗等，也於十六世紀逐步形成。既然羅馬公教可以於此時藉耶穌會的努力，將福音傳入中國，為何基督新教要到一八〇七年，合共相距二百九十年後，才有首位宣教士馬禮遜（Robert Morrison）進入中國傳道？基督教當初來華時的情況怎樣？

宗教改革期間的宣教困境

當年改教家遲遲未有推展海外宣教，實有許多無法控制的環境因素。首先，他們剛成立自己的宗派體系，急需在教會體制、崇拜禮儀、信仰教義等各方面加以建造，以鞏固改教的成果。同時，他們又要時刻面對羅馬教廷在宗教、政治和軍事各方面的壓迫，可謂自身難保，單是歐洲本土的問題已足令他們應接不暇。此外，羅馬公教原有的宣教力量主要來自修會，改教家因著神學和現實理由反對修道，原來最有潛質實踐海外宣教的羣體也頓時消失。最後，羅馬公教在十六世紀的海外宣教活動，很大程度靠賴葡萄牙和西班牙等海上強國支持；相對地，接納基督新教的主要地域如德國和瑞士，多位處歐洲中部，遠航能力薄弱；就是英格蘭和荷蘭等，此時也未有足夠海上軍力；改教家要進行海外宣教，實在是無能為力。

宗教改革後的宣教理念

宗教改革最終引發牽動全歐洲的三十年宗教戰爭，此後雙方於一六四八年簽訂〈威斯特伐利亞和約〉，結束長久爭鬥，共享和平。既是如此，因何基督新教仍不開展海外宣教，將福音帶來中國？這要歸因於後人對改教家信仰理念的誤解，將預定論極端化。和約簽訂僅三年，德國威登堡大學一羣廣受敬重的神學教授，聯合就如何實踐大使命作出聲明，這聲明成了信義宗以及許多改革宗教會，在隨後百多年的主流方針。聲明強調三個要點：

1. 只有使徒才有權完成大使命，因此宣教並非教會的職責；
2. 使徒們已在新約時代遍傳福音，如今未信的是已經拒絕基督，歐洲教會無須為異教徒的失落負責；

3. 統治者只有責任在其管轄範圍內傳福音。

基於這種理解，此時歐洲的主流宗派只專注已劃定為新教範圍的教會；其他國家民族的福音需要，他們不單漠視不理，還對有意推動宣教的人加以斥責。

普世宣教運動的開始

近代宣教運動的興起，主要是由於傅安祖（Andrew Fuller）和克理威廉等先驅的努力。在此以前，主流教會一直有很強烈抗拒宣教的心態。在一個牧師聯誼會上，當年輕的克理戰兢地提出宣教議題時，隨即遭主席賴蘭（John C. Ryland）譴責：「青年人，坐下！若神喜歡使異教徒歸信，祂無須你或我的幫助都能成就。」雖然如此，他們仍不斷努力。一七八五年，傅安祖出版名著《值得完全相信的福音》（*Gospel Worthy of All Acceptation*），改革當時使教會幾乎陷於癱瘓的極端加爾文預定論，叫宣教運動得以展現；此後愈來愈多人願意支持宣教。一七九二年，傅安祖等成功創立了浸信宗傳道會（Baptist Missionary Society），克理成為首位受差往印度的宣教士。雖然遭遇困難重重，但克理的宣教努力和成就，卻成功吸引許多人願意投身海外福音工作，由此牽起近代基督新教的普世宣教運動。

基督新教初入中華的情況

在普世宣教的熱潮下，原屬蘇格蘭長老會的馬禮遜，於一八〇七年受倫敦傳道會（London Missionary Society）差派來華。初到中國廣州時，馬禮遜面對困難重重：新教在華缺乏傳道經驗，早有澳門為基地的公教，此時對新教仍抱持敵對態度；加上清廷實行閉關政策，只廣州一口通商，外國人禁學華語；馬禮遜此時可謂寸步難行。經過許多艱苦辛勞的日子，他終於成功將新舊約聖經翻譯為中文，並建立梁發等華人信徒協助承擔傳道職責。馬禮遜來華初年比較孤單，隨後加入的宣教同工寥寥可數；到一八三〇年代以後，來華宣教士人數才有略可觀的增長。據統計，一八四二年鴉片戰爭結束前，新教先後共有六十三位宣教士被差來華，大部分駐守如馬六甲等外圍城市，只有少部分能成功踏足中國本土。這些早期宣教士中，較著名的有倫敦傳道會的米憐（William Milne）和麥都思（Walter H. Medhurst），德國信義宗的郭實臘，美國公理宗的裨治文、雅裨理和伯駕，並美國浸信宗的叔未士、羅孝全和粦為仁。

香港之始 3

最早在香港成立的教會是哪幾間？

一八〇七年基督教藉馬禮遜初入中華時，滿清政府實行閉關政策，只廣州一口通商，外國人嚴禁逗留中國境內，包括香港。此時，縱有部分宣教士冒險沿岸違規佈道，亦只能略結零星福音果子，難說建立教會。直到一八四二年，中英兩國爆發鴉片戰爭，中方敗陣，簽訂不平等的〈南京條約〉，港島被割讓歸英國；自此，教會才得在香港建立，成為福音入華的基地。

聖公宗

英國以聖公宗為國教，港島歸入英國版圖，對聖公宗的傳道工作自然得益最大。香港第一間教會，最早可溯源自一八四一年初英國海軍登陸香江後的臨時聚會。一八四二年香港開埠，這些英籍聖公宗信徒轉往一所自建棚屋崇拜。兩年後年輕的史丹頓來港，聖公宗開始在政府資助和社會人士奉獻下，籌建永久性的教堂。結果，座落在香港島中區花園道的聖公會聖約翰座堂，終在一八四九年落成啟用，屹立至今。

聖約翰座堂早期以英語聚會，信眾以外籍人士為主；後來香港本地信徒人數加增，遂產生華語聚會的需要。一八六五年首間聖公宗華人教會成立，後來幾經搬遷而至香港島般含道，名為聖公會聖士提反堂。

浸信宗

香港脱離清廷轄制，擁有宗教自由，亦吸引其他宗派的宣教士前來傳道；其中浸信宗是最早來港的宗派之一。早於一八四二年，美南浸信會的叔未士夫婦已踏足香港，創立教會，昔一直信徒稀少，牧職乏人承繼。到一八八〇年，得西教士和本地牧者持續支持，事工才有穩步發展；當時教會幾經遷移，終在中環卑利街購地建堂，於一九〇一年正式自立；惟聚會僅十餘年，教會又兩度搬遷，最後在一九二〇年於港島半山堅道興建新堂，是為今日的香港浸信教會。

另一方面，美北浸信會的粼為仁，亦於一八四二年旅經長洲期間建立聚會點。惜一直乏人牧養，勉強維持；後來美北浸信會傳道會以長洲遠離其事工範圍、不便治理為由，邀請美南浸信會接辦。此長洲浸信會何時正式自立，其與前述的香港浸信教會誰先誰後，至今仍存在爭議。

倫敦傳道會

倫敦傳道會是最早來華工作的差會，馬禮遜亦為其宣教士。一八四三年該會的理雅各（James Legge）隨馬六甲英華書院遷到香港，成立一所聯合教會（Union Church），以英語崇拜，不分種族宗派，廣召不同外籍人士。一八四五年在倫敦傳道會的資助下建成教堂；隨後兩度遷徙，一八八八年於堅尼地道現址興建新堂，直到如今；中文名稱多譯為香港佑寧堂。

與此同時，倫敦傳道會亦於一八四三年藉英華書院開展華人福音工作。初期聚會全在書院或傳教士住所內進行。一八七九年開始自購物業，一八八五年成立華人自理會道濟堂，數年後得佑寧堂華人信眾加入。一九二一年道濟堂轉歸中華基督教會，一九二六年於現址港島般含道建成新堂，改名為中華基督教會合一堂。除此以外，源自倫敦傳道會的早期香港教會，尚有建基於一八六三年的中華基督教會灣仔堂，此堂原名灣仔福音堂，由理雅各與何福堂共同創立。

其他宗派

上述三個宗派和差會，可以説是最早來港的先鋒。隨之而來的，還有一八四七年自德國來港的巴冕會（後改稱禮賢會）；原初他們只視香港為宣教士入華前學習中文的基地，後來到一八九八年才於港島般含道購買堂址，一九一四年新堂落成，命名為禮賢會香港堂。

來自瑞士的巴色會（後改稱崇真會），亦於一八四七年來華，並以香港為基地，專向客家人傳福音。他們最早成立的教會是位於港島西營盤高街的崇真會救恩堂，一八五二年成立，一九三二年重建。緊接其後的，是一八六二年興建的筲箕灣崇真堂。

其他早於十九世紀在香港成立的堂會，尚有一八八二年籌建的循道衛理聯合教會香港堂、一八八三年原屬美部會的中華基督教會公理堂、一八九〇年創立的聖公會聖三一堂、一八九一年開始的聖公會諸聖堂和一八九七年成立的崇真會深水埗堂等。

歷盡滄桑 4

基督教當年因何不能取得中國人認同？

基督新教於一八〇七年開始來華，距今正二百年歷史。期間曾經歷許多風雨，有四處碰壁，有廣獲認許，有興盛發展，也有痛被打壓與排拒。這段時期教會在中國的發展，與現今香港教會關係密切，華人基督徒不可不知。

清末衝突時期（1807-1911）

新教來華之時，因著滿清政府的閉關政策，以及自康熙以來的宗教禁令，傳教士一直無法進入中國境內；只有一口通商的廣州，和已撥歸葡萄牙的澳門，可以略供停留。然而因著一八四二年鴉片戰爭後，清政府與外國列強簽訂一條又一條的不平等條約，情況被大幅扭轉。到一八六〇年〈北京條約〉訂立時，傳教士不單可自由進出中國各地，傳道、起屋、建堂不受約束，更變成特權階級，獲與眾不同的保障。

這些不平等條約對基督教會在華發展是福是禍，

實在難以判準。一方面，條約加增了國人對教會的誤解，不單直接、間接在當時代造成許多教案，包括高峯時期的義和團之亂，還給後人指控基督教為帝國主義侵華工具的理據。另一方面，條約又確實大大改善了傳教士在華的事奉環境，使福音傳播和教會建立更加容易。早期來華的倫敦傳道會、英行教會、美北長老會等，此時均有可觀增長；一八六五年才成立的中國內地會（China Inland Mission），更將福音傳遍內陸十六個省，廣設教會。這時期著名的傳教士，有理雅各、丁韙良（William A. Parsons Martin）、戴德生（J. Hudson Taylor）、林樂知（Young J. Allen）和李提摩太（Timothy Richard）等。

民國動盪初期（1911-1937）

一九一一年孫中山等人革命成功，滿清被推翻。此時，由於革命領袖中不少為基督徒，他們在中華民國成立初期多在政府身居要職，加上西方文化與科技的優越性有目共睹，作為西方精神文明象徵的基督教此時備受重視，被視為拯救中國的可行途徑，信徒人數因此急遽上升。單是一九〇〇至一九二〇這二十年間，國內華人基督徒人數加增近三倍，由約九萬五千人躍升至三十六萬六千人。

此黃金年代於一九一九年的五四運動受到嚴重衝

擊。第一次世界大戰後，西方列強召開巴黎和會，會上列強漠視中國政府訴求，將德國在山東的權益撥歸日本。此喪權辱國之舉惹起國人強烈仇外情緒，基督教會也受到牽連。一九二二至一九二七年遍佈全國多處，針對性地攻擊教會的非基督教運動，正是這種敵視情緒的具體表達。為擺脱西方背景的負累，中國教會此時亦加速本色化。強調自養、自治、自傳的中華基督教會，正是在一九二二年組成臨時總會，並於一九二七年正式成立。這時有多位華人教會領袖相繼興起，承擔領導中國教會的職務，使教會保持增長；他們包括誠靜怡、王明道、倪柝聲、宋尚節、計志文、賈玉銘和趙紫宸等。

戰亂困擾時期（1937-1949）

一九三七年中日戰爭爆發，不少基督徒投入前線抵抗日軍侵略。一九四一年日本向佔來華傳教士總數達八成的英、美兩國宣戰，淪陷區內所有同盟國的產業包括教會，全被封閉掠奪。此時，傳教士需領通行證才可自由活動，福音工作嚴重受阻；華人教會領袖被迫加入由日軍操控的組織，如華北基督教聯合促進會等，活動受監管限制；部分地方如山西教會等，更有不少基督徒被捕受害。

一九四五年第二次世界大戰結束，日本投降。惟政局稍定，國民黨和共產黨隨即於翌年爆發國共內戰，後者節節勝利。共產黨人素來對基督教會抱持敵視態度，稱之為帝國主義侵華的工具，是人民的鴉片；眼見他們即將佔領全國，許多西方差會均部署撤離；有將總部南遷香港，有將事工轉向東南亞發展。一九四九年中共全面執政前，中國共有基督徒約八十二萬三千人，傳教士六千二百位；此數字於中華人民共和國成立後迅速下滑。

中西同心 5

香港本土宗派有多少西方根源？

香港絕大部分教會均有西方根源。早前介紹的海外宗派，如信義宗、聖公宗、浸信宗、循道宗、播道會、宣道會和五旬宗等，固然源自歐美國家。就是一些看似很本土的宗派如中華基督教會，其實也源自長老會、公理會和倫敦傳道會等西方組織。此外，香港還有不少由外籍宣教士創立或協辦的獨立宗派；這些宗派雖已成為本港獨有、不從屬於任何外國總會的本土教會，但某程上仍可說是深具西方根源。這些宗派較具規模的，有下列數個：

東方基督教會
Oriental Horizon Christian Church

原名華南水上基督教會（South China Boat Mission），起源自專向中國華南沿岸蛋家傳福音的佈道行動。一九〇九年西教士杜玉蘭（Florence Drew）在毫無差會支援的情況下，率先由美國芝加哥隻身來華；隨後多位宣教士相繼加入。他們以福音船方式向水上人家開展傳道事工，全盛時期福音船有十四艘之多。一九四九年中國共產黨執政後，局勢漸趨緊張，宣教士遂議決將部分福音船南遷香港；是年九月三艘福音船抵港，分別停泊香港仔、銅鑼灣和油麻地三個當時香港主要的避風塘，並就地以福音船為聚會點。六十年代，香港政府開始大量遷徙艇戶上岸，教會的事工遂此延伸至陸上；由於信眾已不再限於水上人家，教會亦易名為東方基督教會。該宗派現有堂會七間，各堂獨立運作，完全自主。

中華便以利會
China Peniel Missionary Society

創會者為美國宣教士李順（Albert K. Reiton），他早年清楚蒙神呼召，要將福音傳到中國。一九〇九年李順新婚不久，即憑信心攜眷自費來港；兩年後，因元配健康急劇轉壞而一同返美就醫，無奈妻子途中已因病離世。經過一番傷痛，李順於一九一三年續絃，婚後不久即攜同新偶重臨香港。一九一四年李順夫婦租用一所樓房作聚會之用，此為中華便以利會的開始。此後，福音事工不斷擴展，信主人數日增；不單原聚會點因地方不敷應用而屢次搬遷擴充，教會同時亦在深水埗、九龍城、長洲等地設立支堂。李順牧師年紀漸老，教會事工逐漸交由華人領袖承繼。今日中華便以利會共有堂會七間，分佈港島、九龍、新界各地。

伯特利教會
Bethel Mission of China

一九二〇年由美以美會宣教士胡遵理（Jennie V. Hughes）聯同華籍女醫生石美玉於上海創辦。該會之伯特利神學院於一九三七年中國內戰期間遷港；期後雖於一九四一年因日軍進佔九龍而無法上課，但戰爭勝利後不久，伯特利神學院即於一九四七年復課，且不斷擴展；七十年代，師生人數一度高達一千七百人之多。為方便本地教會事工發展，一九六三年成立香港伯特利教會；因著堂會增多，該會於一九七八年註冊成為獨立非牟利團體。現時伯特利教會有堂會七間，六間隸屬香港伯特利教會，一間直屬總會基督教伯特利會；另有神學院、中學、幼稚園等不同組織。

靈光堂
Emmanuel Church

源流可追溯到一九二九年，當時中華醫療差會傳教士祈理廉醫生夫婦（Dr. & Mrs. Clift）從中國內地來港，在九龍尖沙咀開展福音工作，設立書室、醫務所和英文查經班等。一九四九年起，美國羅省聖經學院（Bible Institute of Los Angeles）承接靈光堂之事工，在人力、物力上持續供應教會的需要。直到一九六二年，羅省聖經學院將所有物業和職責交出，由香港本地的靈光堂自立治理。一九七八年靈光堂修訂憲章，組成靈光堂聯會，成員包括英文堂、中文堂和深井堂。現今靈光堂共有堂會五間，另有小量如幼稚園等服務。

中華傳道會
Christian Nationals' Evangelism Commission

一九四三年誕生於美國西雅圖。當時中日戰爭爆發，西教士紛紛撤離中國；深覺在華傳道機會可能快將消逝，傳教士麥德肯（Duncan McRoberts）返回美國，糾集若干基督徒商人，於西雅圖翟普生（N. A. Jepson）的居所聚會，期間體會「中國人向中國人傳道」的異象，遂發起組織中國基督徒佈道十字軍（China Native Evangelistic Crusade），由西方肢體負責經費，找尋中國伙伴承擔傳道職責。同年成功邀得趙君影為首任監督，領導國內福音工作。因著政局變遷，辦事處於一九四九年南遷香港。一九五〇至五一年間成立該會最早三間堂會：活道堂、活水堂和紅磡基督教會；一九五二年設立香港神學院的前身香港聖經學院。由於焦點漸由國內轉到各地華僑，該會於一九五三改名中華傳道會（Chinese Native Evangelistic Crusade）；一九六〇年再轉用現有英文名稱。現時該會總部設於美國，取名國際福音協傳會

（Partners International），全球會務共分七個教區，散佈五十二個國家：港、台、澳屬東亞教區，名中華傳道會；而星、馬、泰則屬東南亞教區，中譯名稱福音自傳會。現時香港的中華傳道會共有堂會二十間，並有神學院、老人中心、中小學及幼稚園等事工。

中華錫安傳道會
Chinese Evangelical Zion Church

由瑞典宣道差會（Swedish Alliance Mission）創立。一九六五年該會以中華錫安傳道會為名向政府申請地方開辦社會福利工作，同年獲准於橫頭磡邨天台開辦幼稚園和職業訓練中心。翌年宣教士安伯遜（Eskil Albertsson）夫婦來港拓展福音事工。一九六七年首批信徒受浸加入教會，中華錫安傳道會首間堂會橫頭磡錫安堂亦於此年正式成立。一九七〇年差會成功申辦慈雲山錫安青年中心，並於該處建立慈雲山錫安堂。一九七六年橫頭磡錫安堂與慈雲山錫安堂，分別以基督教錫安傳道會及中華錫安傳道會之名向政府註冊為有限公司。基督教錫安傳道會橫頭磡錫安堂後因遷址而改名深水埗堂，並於近年分支成立天安堂。中華錫安傳道會慈雲山錫安堂相繼設立華基堂、豐盛堂、深恩堂後，近年又開展了兩個新聚會點；基於發展需要，華基堂和豐盛堂現已成為獨立註冊及運作之堂會。

6 本土宗派

香港有哪些完全由華人創始的本土宗派？

雖然香港絕大部分宗派皆有西方背景，但亦有少部分是完全由華人創始的本土宗派。這些宗派中，較具規模的有以下數個：

基督教港九潮人生命堂
Swatow Christian Churches

歷史最早可追溯到一九〇九年，當時潮汕信徒在港經商者眾；由於不諳粵語，崇拜甚感不便。為此，他們租借堂址，自組潮語聚會。期間經濟雖自給自足，但牧者多由潮汕教會委派，教會彷彿是潮汕區會的所屬堂會。第一次世界大戰期間，會友多回鄉靜觀其變，教會聚會曾一度停頓；戰爭結束後新、舊會友接踵而至，一九二三年潮語教會恢復，且定名為旅港潮人中華基督教會。此後，會友人數不斷加增。由於當時香港交通不甚便利，九龍區會友前赴港島聚會甚感困難，遂分別於一九三七和三八年在九龍城和尖沙咀設立支堂。

一九四五年香港重光，三堂事工日益昌旺，為方便會務運作，一九四八年元旦起三堂分立，分別名為香港潮人生命堂、九龍城潮人生命堂和尖沙咀潮人生命堂。為保持聯繫，三堂各派代表組織生命堂聯會，彼此合作。此後，三堂各自發展，創設支堂。今日，港九潮人生命堂共有堂會十五間，遍佈全港各區。

基督教靈糧世界佈道會
Ling Liang Worldwide Evangelistic Mission

創辦人趙世光牧師。他於二十世紀四十年代在上海創立中國基督教靈糧世界佈道會，並在中國不同城市如上海、南京、杭州、蘇州等設立靈糧堂。一九四九年趙世光自上海來港，眼見香港有同胞數以百萬，九成以上未相信耶穌；遂將佈道事工轉移香港。他最初在九龍尖沙咀借用一浸信會禮拜堂聚會，並租借香港娛樂戲院舉行復興佈道會，聚會人數超過一千二百人。由於信道者日增，趙世光於一九五一年購得嘉林邊道一號位置自建聖堂，九龍靈糧堂於此成立。聖堂落成後，信主人數不斷增加。此後，靈糧堂繼續在港、九、新界各處建立新堂，且成為海外宣教的重要基地。今日，香港共有靈糧堂堂會十四間，並有中學、小學、幼稚園、自修中心等不同服務。此外，靈糧堂亦擴展至台灣、美國、加拿大、印尼、菲律賓、印度等不同地區；為團結力量傳揚福音，一九八六年各地靈糧堂決定成立基督教靈糧世界佈道會聯會，每三年召開會議一次。

基督教中國佈道會
Evangelize China Fellowship

由華人佈道家計志文於一九四六年在上海創立。早年他領導伯特利佈道團四出佈道，決志信主者眾；他認定中國信徒應當自立、自主、自傳，遂按此原則創立中國佈道會。一九四九年計志文應邀赴美主領聚會，妻子則因病到港休養；計志文領會後與妻子會合期間，適逢中國大陸政權易手，於是決定暫留香港。留港期間，眼見大量難民湧入，遂借用佐敦道快樂戲院作主日崇拜及佈道，赴會者眾。一九五六年信徒合力奉獻，購得九龍一堂址，定名為中國佈道會迦南堂（後改稱九龍迦南堂），是為中國佈道會在港立堂之始。在牧養教會的同時，計志文亦成立中國佈道會出版部，出版書籍、雜誌。一九六〇年因文字同工缺乏，遂情商邀請曾為廣州萬善堂牧師的李啟榮來港主理。抵港後李啟榮團結昔日萬善堂肢體，並於一九六一年在港復堂；由於李啟榮為中國佈道會副會長，香港萬善堂順理成章成為該會成員。此後，迦南堂和萬善堂各有增長，且擴張植堂。今日，中國佈道會共有堂會十七間，另有出版社、學校、幼稚園、自修中心等不同組織。

基督教樂道會
Lock Tao Christian Association

由一班熱心華人信徒領袖如蔡紀德芳、林景星、趙喜萬及黃克瑞等，於油麻地廣東道一帶派發單張開始。一九四六年他們開始租賃房屋作家庭聚會，一九四八年元旦轉租尖沙咀樂道二十八號二樓，隨之以街名創立了基督教潮語樂道堂。一九五六年教會再易名為基督教樂道會，成立了董事會統籌事工，一九五八年註冊成為純宗教性慈善法團。隨著會友增長，分居各區，樂道會先後於九龍及新界多處地區設立分堂。目前樂道會共有堂會八間，另有中學、幼稚園、健康院等社區服務。

平安福音堂
Peace Evangelical Church

始於一九五〇年代。當時香港浸信會的少年團夏令會有幾年奮興，然而其發展卻令當時的香港浸信會聯會感到擔憂，意圖加以限制。在分歧衝突中，多間浸信會的青少年人相繼離開，自組福音堂：原屬九龍城浸信會的青少年組成九龍城福音堂，堅道浸信教會的創立般含道福音堂，筲箕灣浸信會也出了筲箕灣福音堂。

一九六三年原屬深水埗浸信會的吳主光，聯同約十二名青年信徒，也仿效自組堂會，是為平安福音堂之始。由於在創立之時，吳主光等深受喜樂福音堂胡恩德等幫助，其教會隨他們採用類似弟兄會式的獨立教會路線，惟信仰教義仍與浸信會相近。自始，平安福音堂即努力向木屋區的貧苦大眾傳福音。一九八四年他們開始短宣運動，推動逐家逐戶傳福音，基督徒短期宣教訓練中心也於此成立，教會也迅速增長。平安福音堂現時在港有堂會三十二間，另有三間海外堂會，分別位於澳門、美國和加拿大。

除上述五個，香港尚有多個規模略小的本土宗派。如倪柝聲在二十世紀三十年代於國內創立的基督徒聚會所（Christian Assembly Hall），在香港有六個聚會所。同樣抱持倪柝聲一地方、一教會信念的香港教會（Church in Hong Kong）和香港教會聚會所（Hong Kong Church Assembly Hall），分別有聚會所十和十四處。一九四二年由一羣熱心基督徒領袖，於聯合道舉行家庭聚會開始的九龍城基督徒會（Kowloon City Christian's Church）；現有堂會三間，另有中學和進修中心。類似本土宗派堂會，尚有涵蓋本港六間堂會的香港華人基督會（Hong Kong Chinese Church of

Christ），附屬於導航者福音協會（Navigator Gospel Ministries Ltd.）的香港新生命教會（Hong Kong New Life Church），及以小組牧養著名的基督教牧鄰教會（Shepherd Community）等。一九八七年由王世岳、陳世強和胡平凡等創立的基督教敬拜會（Praise Assembly），可說是近年發展最快的其中一個本土宗派；如今有十一個事奉訓練中心，八個地區教會，分數十個家庭聚會。

7 聖書中譯

現代流行的中文譯本從何而來？

查考歷史，中文聖經翻譯實源遠流長。根據二十世紀初在敦煌石窟發現的景教《尊經》，早在唐朝時期已有三十五部景教經典譯成漢語。十三世紀元朝時期來華的方濟會修士蒙高未諾的約翰，曾在一封給羅馬教廷的信上，提及已將新約全書和詩篇譯成蒙古文。雖然上述兩個譯本皆已散佚，但亦足可見證昔日來華先驅中譯聖經的努力。

早期譯本

現今仍然存留、略具規模的中譯聖經抄本，最早的是天主教法籍傳教士巴設（Jean Basset）於一六八九至一七〇七年間譯成的《巴設譯本》，該譯本包含大部分新約經卷，現存於倫敦大英博物館內；雖然這譯本從未正式出版，但後世的聖經翻譯多以此為藍本，影響甚巨。此後又有耶穌會士賀清泰（Louis de Poirot）於一七七〇至一八一三年間譯成的《賀清泰譯本》，此譯本涵蓋經卷更廣，內有大部分新、舊約聖經，亦為早期新教聖經譯者的重要參考。

基督新教於一八〇七年正式來華，東來不久傳教士即努力翻譯聖經。最早面世的新教中文聖經，是英國浸信會傳教士馬士曼（Joshua Marshman），於一八二二年在印度出版的《馬士曼譯本》。首位來華傳教士馬禮遜，於同期進行翻譯的《神天聖書》，原於一八一九年已完成初稿，惟基於資源缺乏，要到一八二三年才能出版。兩個譯本皆參照已有的《巴設譯本》與《賀清泰譯本》進行漢譯，《神天聖書》譯文質素相對較好。

中期譯本

由於中國人品流眾多，不同階層、地域人士所用語言略有差異，加上早期中文聖經由個人編譯，錯漏難免；為此，不同翻譯文本於十九世紀相繼湧現。按用語特色，這些翻譯可歸納為三個主要發展向度：

1. 文言譯本：採用當時學識之士所用的語文，早期的《馬士曼譯本》和《神天聖書》皆屬此類。一八四〇年麥都思、郭實臘、裨治文和馬儒漢（John R. Morrison）合力修訂馬禮遜的《神天聖書》，出版《四人小組譯本》。不平等條約簽訂後，西教士有感要合力重譯聖經，以配合傳道需要，遂於一八四三年成立譯經委辦會；惟翻譯過程波折重重，參與者對譯本用詞和原則存在分歧，結果翻譯團隊一分為三，產生了一八五四年採用「上帝」譯詞的《委辦譯本》，一八六二年採用「神」字的《裨治文譯本》，和一八六八年堅持用「浸」字的《高德譯本》。

2. 官話譯本：採用較通俗的官話，即朝廷官員的日常用語，以便更有效地傳揚福音。第一本出現的是麥都思等翻譯的《南京官話譯本》，一八五七年完成新約部分，主要在南京使用。隨後丁韙良等改良南京譯本而成《北京官話譯本》，新約初版於一八六六年發行，在華北地區流行。此後，還有施約瑟（Samuel I. J. Schereschewsky）按照北京譯本體裁譯成的舊約，稱《施約瑟官話譯本》，一八七五年出版；並有楊格非（John Griffith）結合南北語言特色譯成的新約《楊格非官話譯本》，一八八九年面世。

3. 淺文理譯本：選用介乎文言與官話之間，深淺中度的優雅文體，盼能同時獲上流學人與平民大眾採用。最早出現的此類譯作是《楊格非淺文理譯本》，一八八五年發行新約，一九〇五年完成舊約。同類譯作還有包約翰（John S. Burdon）、白漢理（Henry Blodget）一八八九年出版的新約《包約翰、白漢理淺文理譯本》，和施約瑟一九〇二年完成、新舊約兼備的《施約瑟淺文理譯本》。

近代譯本

自福音來華，不同差會傳教士各以本身翻譯原則譯經，結果產生十多個版本的中文聖經。有見劃一譯本的需要，各地傳教士於一八九〇年在上海召開譯經大會，結果同意成立三個翻譯委員會，分別負責文言文（時稱深文理）、淺文理和官話（時稱白話文）譯本的翻譯工作。三個譯本的新約部分，全於一九〇四至〇六年間相繼完成。然而隨著中國新文化運動興起，舊文體漸遭摒棄，教會代表於一九〇七年馬禮遜來華百年紀念大會上，議決合併深、淺文理本的舊約翻譯計劃。結果各差會最終聯合完成的只有兩個中文譯本，就是《文理和合本》和《官話和合本》，兩譯本同於一九一九年整全完成，後者就是今日華人教會仍然通用的和合本聖經。

此後，譯經工作漸由西教士轉到華人教會領袖手中。基於種種原因，民國期間尚有多個中文聖經譯本出版，當中包括《王宣忱譯本》、《朱寶惠譯本》、《國語新舊庫譯本》、《吳經熊譯本》和《蕭鐵笛譯本》等，惟全都不及和合本流行。值得一提，天主教此時有一重要中文譯本出版，此譯本由神父雷永明（Gabriele M. Allegra）於一九三五年開始翻譯，思高聖經學會修訂，一九六八年才整全出版，名為《思高譯本》；此譯本至今仍為天主教會普遍採用。

今日仍為基督教會廣泛使用或參考的，尚有多個中文譯本，包括：一九七〇年出版，由呂振中耗費三十年光陰譯成，力求保存原文結構的《呂振中譯本》。一九七九年完成，以意譯方式，重視淺白易明，以英文*Living Bible*為藍本的《當代聖經》。同年面世，強調去除和合本暗晦難明語句，參照*Today's English Version*譯文，以意義相符、效果相等為翻譯原則的《現代中文譯本》。此外，還有一九九二年才整全出版，集三十多位華人學者努力，以忠於原文、易讀易明為宗旨的《聖經新譯本》。

現時，華人教會尚有多個聖經修訂或翻譯工作正在進行。繼一九八八年《新標點和合本》面世後，現時又有《和合本修訂版》企劃，以忠於原文、盡量保留原來風格為原則，由香港聖經公會策動，二〇〇六年初完成新約，全書預計在二〇〇八年出版。還有漢語聖經協會籌劃的《新漢語譯本》，強調由聖經學者直接傳譯原文信息，避免古僻艱澀字詞，力求符合原作的感情思想和語言特色，計劃於二〇〇九年完成。

聯合組織 8

華人基督教聯會、基督教協進會角色有何不同？

香港基督教大小堂會眾多，人數分散；為團結力量，分享資源，歷來有許多聯合性機構組織在香港成立。這些組織有宗派性，如香港浸信會聯會、基督教宣道會香港區聯會；有目標對象性，如香港基督教青年會和女青年會；也有針對特殊事工的，如香港差傳事工聯會、香港教會更新運動。論到聯合組織，規模最龐大、最具代表性的，當數香港華人基督教聯會（下簡稱「華聯會」）和香港基督教協進會（下簡稱「協進會」）。

香港華人基督教聯會
Hong Kong Chinese Christian Churches Union

創始於一九一五年。華聯會成立以前，香港教會已有一些臨時性聯合事工；因應當時實際需要，也合辦了主日學聯合會和公墳聯合會兩個獨立組織。一九一四年廣東西江發生空前大火，香港教會發起共同籌款救災運動。此時，參與者深覺組織永久性聯合機構的需要，遂推舉教牧領袖三人為起草章程委員，並於一九一五年四月召開首屆會員代表大會，正式按章成立華聯會。不久，主日學聯合會和公墳聯合會皆歸入華聯會管轄。

成立初期，華聯會積極協助本土教會推展佈道事工，如建造福音船、籌辦佈道大會等；又接辦廣蔭院，提供老人服務。同時，針對社會問題，華聯會又倡導反蓄婢、拒毒等不同運動。中日戰爭期間，華聯會更成立難民收容所，救助避難來港的災民。香港淪陷期間，華聯會變身成立香港基督教總會，代表基督徒羣體向日軍爭取傳教自由，協助各堂會務。光復後，華聯會於一九四八年正式向香港政府註冊成為法團；且於一九五五年開始自購物業，獨立運作。此後，華聯會會務不斷擴展，先後於一九六五和一九七九年創建鑽石山廣蔭老人院和觀塘廣蔭老人院，於一九六四年創辦《基督教週報》。一九八八年，華聯會遷到現址九龍城聯合道香港華人基督教聯會大樓，成為其發展的一大里程碑。

近年華聯會舉辦的主要事工，包括葛培理佈道大會、包樂佈道會等福音事工，倡導反賭波合法化等社會事工，成立香港華人基督教聯會神學獎學金等培育事工，申辦真道書院等教育事工，並籌款賑濟華東水災、南亞海嘯等慈惠事工。現時，華聯會是香港最大的基督教聯合機構，擁有會員堂超過三百間，分佈最少三十多個不同宗派。

香港基督教協進會
Hong Kong Christian Council

隨著二十世紀普世合一運動的擴展，一個個跨宗派的聯合組織或會議相繼出現。其中最具代表意義的，是一九四八年在荷蘭阿姆斯特丹成立的普世基督教會協會（World Council of Churches）。此組織乃合併自原有「信仰與教制」及「生活與事工」兩個運動，成員包括基督新教多個宗派，及大部分東正教會，惟羅馬天主教未有全面參與，只派出觀察員旁聽會議。該會總部現設在瑞士日內瓦，每六至八年召開代表大會一次，選出中央常委，監督協會日常運作。

香港基督教協進會乃普世基督教會協會的地域性伙伴組織，一九五四年成立，團結香港教會，促進普世合一精神。其立會宗旨是推動香港整體教會的聯合見證和宣教工作，服務香港市民；該會有五個主要工作向度，包括教會合一、宣教培訓、社會關懷、資源分享和資訊交流。自成立至今，協進會曾建立多個著名事工：如一九五九年成立基督教工業委員會，一九七三年協助籌建基督教聯合醫院，一九七六年組織香港基督教服務處。

現時協進會共有十二個會員教會，如中華基督教會香港區會、基督教香港信義會、香港基督教循道衛理聯合教會、香港聖公會等；並有十個會員機構，如香港基督教青年會、香港基督教女青年會、香港聖經公會、道風山基督教叢林等。值得留意，協進會的會員並不限於新教華人羣體，為實現合一精神，該會還接納外語教會如英語循道會、德語信義會、香港日本基督者會，並有非新教宗派如正教會香港及東南亞教區。雖然協進會成員數目遠不及華聯會，但其包容性較廣；也許因這緣故，香港特區政府選擇協進會，負責提名基督教界代表，進入特區行政長官的選舉委員會。

三自由來 9

國內的三自教會怎樣產生？

一九四九年中華人民共和國成立，自此基督教即受到不同程度的壓制。其原因除馬克思主義對宗教信仰的否定，和對基督教乃帝國主義侵華工具的誤解外，還有當時中共政權對羣眾不受控制的恐懼，誓要對所有羣體在組織發展和意識形態上嚴加掌控。其主要策略是透過統戰，利用矛盾，建立提升友好黨派，爭取中間勢力支持，打擊少數頑固分子；當中負責統籌的，是主理各民族和宗教事務的中共中央統戰部。

中共立國初期（1949-1966）

雖然在五十年代，教會許多信徒均對共產黨執政抱持審慎、甚或悲觀態度，但當時亦有一些二線領袖如吳耀宗等，積極擁護中共政權，主動宣示效忠。很快他們即獲重視，有機會與政府高層如周恩來等會面。一九五〇年韓戰爆發，中共介入，提出「抗美援朝」，要求所有愛國人士支持，切斷與美國聯繫。吳耀宗等隨即於一九五一年組成中國基督教抗美援朝三自革新運動委員會，領導教會支援反美行動。一九五四年成立的中國基督教三自愛國運動委員會（簡稱「三自」），就是由此演化產生；根據會章，三自的宗旨是「團結全國基督徒，促進中國教會徹底實現自治、自養、自傳，積極參加反帝愛國及保衛世界和平運動。」

此時的中國教會，面對是否加入三自的掙扎；支持者難免遭受監控，不支持者就要面對打壓。為使強硬分子就範，中共藉三自策動了多次控訴大會，教會領袖陳文淵、朱友漁、梁小初、王明道等，先後被公開控訴。一九五五年中共宣佈三自以外的教會活動為違法，一九五七年進一步指控自由傳道為反共。為便於管理，這時許多教會被關閉合併；上海近二百間堂會只剩十五間，北京六十四間堂會被縮成四間；不少信徒惟有轉向組織地下家庭教會，基督教在華前途暗淡。

文化大革命時期（1966-1976）

六十年代末期，毛澤東因大躍進失利而退居二線；在劉少奇主理政務期間，教會遭受的壓迫稍得紓緩。惟不久，毛澤東在政治鬥爭中佔盡上風；由他策動藉紅衛兵衝擊全國的文化大革命，更成功逼死劉少奇。在一九六八年舉行的中共第八屆十二中全會上，劉少奇被判為叛徒、內奸，遭永久開除黨籍。

在文化大革命期間，基督教會遭受嚴厲打壓。全國大部分教會建築遭紅衛兵佔據，桌椅、鋼琴等有價值物品被奪去，十字架、聖像等教堂裝飾遭搗毀，聖經、詩集和宗教書籍皆被送到造紙廠化掉。宗教被指為阻礙社會改革的迷信，許多基督徒遭抄家、批鬥，被判遊街、勞改，不少更被迫害至死。此時，就是三自會成員也不能倖免；副主席丁光訓被兩次抄家，常務委員朱大衞被迫承諾永遠與耶穌決裂；祕書長李儲文因忍受不住被批鬥時的折磨，終暴露其共產黨員身分，加入教會只為做滲透任務。這時，堅守信仰的基督徒惟有轉向地下活動，因著神的大能和信徒的見證，家庭教會興旺發展。

改革開放時期（1976-）

一九七六年毛澤東離世，鄧小平逐漸取得政權，使華國鋒、四人幫相繼下台。一九七八年中共十一屆三中全會，全面修正毛澤東極左路線，接納鄧小平改革開放政策。一九八一年的六中全會，宣判文化大革命為錯誤，提倡社會主義現代化，以發展經濟和四個現代化（即工業、農業、科技和國防）為首要任務。在這方針下，基督教會在統戰的原則裏受到包容。一九八〇年在南京舉行的中國基督教第三屆全國會議，三自運動獲得肯定；會上且議決成立中國基督教協會，專責推動教會內部事務，協助牧養、培訓和出版等工作。由於文革後家庭教會眾多，中共此時基本上採取寬容政策，規管而不打壓。

　　此後，中共對基督教的政策隨社會局勢而時有鬆緊。例如一九八七年的反資產階級自由化，和一九八九年北京天安門廣場的六四事件，就使政策曾一度收緊，不少家庭教會信徒被捕入獄。江澤民和胡錦濤的施政，大致上跟隨鄧小平的改革開放路線，他們對基督教會原則上也採取規管而不打壓的模式。這時期對中國教會影響較大的，是一九九四年由國務院頒佈的一四五號令，要求所有家庭教會必須向政府登記；這政策使國內基督教出現今天登記教會和地下教會的分類。基於地下隱藏信徒的存在，中國現有基督徒人數難於準確估計，官方統戰部網站的數字是一千萬，而家庭教會則宣稱國內現有基督徒總數七千萬以上。

異端橫流 10

活躍中港兩地的常見異端從何而來？

異端是指自稱為基督教，卻在主要教義上嚴重偏差的非正統教派。異端不同於極端，也不同於異教；前者的偏差比異端少，基礎教義仍未越軌，惟有一些過激的信念或表現；後者與正統基督教的距離比異端大，沒有高舉基督教的旗幟，而是以另一宗教自居，源流上可以與基督宗教全無關係。

自二百年前基督教來華不久，中華大地已有異端活躍。清末洪秀全領導的太平天國，可說是其中的佼佼者。近年在中港兩地出現的異端數目不斷加增，有外來傳入，也有本地生根；就異端的本源而言，它們大致可分為以下兩類。

西方傳入異端

異端之出現，大多源自基督教興盛的境況。十八、十九世紀美國接連出現大覺醒浪潮，復興火焰蔓延全國，信徒人數激增。當時代一位重要領袖愛德華滋形容：「鎮上幾乎沒有一個人，不論男女老少，不對永生的大事關心。」就在這時候，異端教派一一湧現；當中包括香港人熟悉的摩門教（Mormons）和耶和華見證人會（Jehovah's Witnesses）。

摩門教原名耶穌基督末世聖徒教會，後改名耶穌基督後期聖徒教會（Church of Jesus Christ of Latter-Day Saints）；此教於一八三〇年由約瑟史密斯（Joseph Smith）創立，他們尊崇摩門經重於聖經，主張多神論，認為耶穌不是聖靈感孕，與人同是神的兒女，只是程度上略有分別而已。耶和華見證人會於一八八四年由查理盧塞爾（Charles T. Russell）創立，當時名為錫安守望台書社，以出版半月刊《守望臺》（*Watchtower*）為主要業務；他們使用經篡改的新世界版聖經譯本，不承認三位一體，視基督為沒有整全神性的次等神。

這時期十九世紀冒起的重要異端，還有主張泛神論的基督徒科學會（Church of Christ, Scientist）等。除此以外，近年亦有一些新興的異端；如一九六七年成立的國際基督教會（International Church of Christ），他們視水禮與好行為為得救所必須，以香港基督教會（Hong Kong Church of Christ）之名在香港活躍。其他異端還有被控為邪教的神的兒女（Children of God）（又稱神愛之家）等，然而他們在中港兩地的影響甚微。

亞洲本土異端

在眾多亞洲國家中，韓國教會是近代最先興旺的羣體，從他們而出的異端也特別多。其中較為人熟悉的，是一九五四年由文鮮明（Moon Sun Myung）創立的統一聯合教（Unification Church）（全名是世界基督教統一神靈協會）；他們視文氏夫婦為真父母，是新的救世主，信徒要藉性交來完成身體的救贖。此外近年成立的，還有又稱攝理教的耶穌晨星會（Jesus Morning Star），該會一九七八年於韓國成立，視他們的教主鄭明析（Jung Myung Seok）為再次降臨的彌賽亞；據報鄭明析於二〇〇七年五月初因涉嫌強姦女信徒而於北京被捕。

至於中國內地方面，早於民國時期已有如真耶穌教會（True Jesus Church）等極端靈恩派成立，他們至今仍於歐美及東南亞多個國家存留。隨著文化大革命結束，人民宗教信仰的自由度增加，國內教會經歷空前的大復興，信徒人數急速上升。與此同時，異端邪教亦相繼湧現。先後有信奉女基督重返肉身的東方閃電教（Eastern Lightning），視創始人徐聖光所住居所為至聖所的三班僕人，及規定信徒有病只靠祈禱和喝冷水醫治的冷水教；此外，還有吳揚明的被立王、劉家國的主神教和華雪和的靈靈教，他們都視自己的教主為真神、為基督，部分更藉此騙財騙色。這些異端全部都在改革開放後，於八十年代末、九十年代初成立，遍佈國內多個省分；部分如東方閃電教等，更已隨內地旅客自由行而入侵香港。

相比之下，香港本土產生的異端比較少。一九九六年因呼籲信眾飲雙氧水而聞名，由梁日華領導的香港錫安教會（Hong Kong Zion Church），是最具爭議性的例子。當年曾有一百五十多位教牧人員評論之為「隨意曲解經文」、「引導信徒生活上作出錯誤的應用」。然而，近年香港教會更新運動等已改用「非正統教會」及「偏激教派」來描述該教會。據知該會曾就外界一些指控作出抗辯，且啟動法律訴訟程序。

初期教父希坡律陀曾經警告，引發異端是魔鬼給基督教的重要攻擊。從歷史事實可見，何處教會興旺，何處就有異端。在我們祈求教會復興的同時，應小心留意異端思想的攪擾。

第六部分

現代議題

對教會歷史的認識，於現代華人基督徒有何意義？此部分選擇了十個分屬不同範疇的流行議題加以討論，藉以展示回溯歷史的實際意義和應用，幫助讀者掌握問題徵結，妥善面對。這十個範疇涉及敬拜、牧養、佈道、宣教、社關、護教等等各方面；文章末後多有提供一般性的處事原則，讓讀者從歷史汲取教訓之餘，能適切面對未來的挑戰。

信仰表達 1

教會應如何面對靈恩運動？

靈恩運動廣義泛指一切強調聖靈大能彰顯的信念與活動，狹義則指二十世紀開始不斷擴展的靈恩追求。今日教會談論靈恩運動，多從狹義角度言說。

靈恩運動歷史與特色

靈恩運動最少可分為三個階段：第一波「古典五旬節運動」始於二十世紀初，重視方言經歷，視之為靈浸，主要領袖為柏含、西默和竇依（John A. Dowie），興起如五旬節聖潔會、神召會等宗派；第二波「靈恩更新運動」見於二十世紀中葉，強調聖靈充滿、祈禱治病，重要領袖有傑弗斯（George Jeffreys）、庇利斯（David J. du Plessis）和紀當奴（Donald Gee）等，產生以琳四方福音會等宗派；第三波「神蹟奇事運動」流行於二十世紀末，著重超然能力、權能佈道，主要領袖為溫約翰、魏格納和韋約翰（John White），滲透於不同宗派之中，影響延續至今。有學者認為靈恩運動還有第四波，甚至第五波之分，然而有關見解純屬個人意見，未獲普遍認同。

傳統的靈恩運動，認為信主後應有一特殊豐盛的屬靈經歷，稱為靈浸；這靈浸往往有方言伴隨。此外，運動又強調高舉聖靈，多禱告尋求；支持者且追求屬靈恩賜，確信靈恩更新乃神復興現代教會的主要工作。近年第三波的靈恩運動，雖與昔日第一、二波一脈相承，但亦有其獨特的強調重點；例如行區祈禱、內在醫治和聖靈擊倒，皆是早年鮮見的；同時，羣體對敬拜讚美於屬靈爭戰裏的功用，亦明顯比往時重視。

靈恩運動優點與缺點

靈恩運動的興起，在基督教會中曾掀起許多爭議。對有關問題研究深入的聖經學者巴刻（James I. Packer），在《活在聖靈中》（*Keep in Step with the Spirit*）一書內列出了靈恩運動共十二個優點和十個缺點，當中包括筆者深有同感的數點。正面來說，靈恩運動強調以神為主，全然順服，不受組織架構束縛；重視禱告，要從聖靈得力，生命充滿喜樂；同時，靈恩派教會普遍事奉動員率高，信徒投入敬拜，熱心宣教傳道，樂意奉獻捐輸；這都是傳統福音派教會有待改進的。

然而負面來說，靈恩派常有一種屬靈貴族的精英主義，自視高人一等。他們對屬靈亮光的偏好，妨礙正常神學與倫理的反思，羣眾容易被一些自稱有亮光的野心人士所操控；他們狂熱追求聖靈恩賜，不自覺地以屬靈能力來衡量個人成熟程度，忽略其他靈命素質；羣眾對神蹟的熱切期待，將整個人生包括健康惡習盡都歸因魔鬼攻擊，亦會產生許多誇大超自然現象的情況，輕視對現實自然問題的處理。

靈恩運動評估與選取

靈恩運動對華人教會帶來許多方面的衝擊。一方面激發了屬靈追求，使不少信徒心靈振奮，教會人數增長；另一方亦造成許多磨擦衝突，有教會甚至因此出現分裂，深受創傷。究竟我們應如何面對靈恩運動？由於問題複雜，筆者在此只提出四個原則性的建議：

1. 正面回應：靈恩運動已成為教會信徒容易接觸、不能迴避的問題，昔日傳統教會避而不談的態度已無法滿足現實需求。教會應積極回應，透過講壇信息、專題講座等，幫助弟兄姊妹正確認識靈恩運動，知其利弊。
2. 互相尊重：按照歷史，意見分歧往往只反映不同角度對真理的體會。除了三一真神以外，沒有個體可以自視為信仰權威；只要不明顯離經叛道，與聖經教導相違，不同宗派應以持守合一的精神彼此接納。

3. 自我反省：別人的優點往往反映本身的不足，福音派對聖經真理的探究與堅持，靈恩派對屬靈事物的熱情追求，皆有其值得學效之處。與其耗費心力批判他人，倒不如多自我檢討，力求上進，精益求精。
4. 慎思明辨：今日教會一個常見現象是「跟風」，不論靈恩追求、細胞小組、現代敬拜、《標竿人生》或啟發課程，只要聽聞他人成功，便趕快跟隨。然而，結果往往是有人快樂有人愁。堂會應深入分析各現象或工具的背後信念與成功精髓，慎思明辨；隨意抄襲，盲目跟風，最終多會弄至焦頭爛額，得不償失。

敬拜取向 2

傳統與現代音樂當如何抉擇？

近年華人教會興起一股採用現代音樂敬拜的熱潮，愈來愈多堂會捨棄過往的傳統儀文，改用較易令人忘我投入的現代敬拜模式。結他、電子鼓漸漸取代昔日的鋼琴、風琴，人手一本的聖詩也改成投映在屏幕上的短歌。有教會將崇拜風格全然「更新」，有局部轉型，有交替採用，也有分幾堂崇拜的教會平行並用。究問這潮流產生的原因為何？最普遍的答案是為迎合現代信徒口味。然而，這方面的關注一直都不是教會先賢所重視。究竟他們會如何看音樂在崇拜中的使用？雖然歷代聖徒各有不同見解，但以下兩點似是公認的原則。

敬拜神而非滿足人

崇拜聚會的目的是敬拜神，討主喜悅。在崇拜聚會中，一切禮儀安排、環境佈置、詩歌音樂，皆為引導人專注仰望神而設計；任何元素若會誘使人偏離這崇高目標，就該謹慎修正。對許多初期教父來說，音樂是中性的；若善加運用，能有助敬拜讚美；但若處理不當，就會使人迷失。二世紀末亞歷山太教父革利免就曾提醒說：「若羣眾浪費太多時間在管樂、絃樂、詩班、舞蹈和拍掌等舉動上，就很容易變得放肆。」三世紀迦太基主教居普良亦警告：「〔撒但〕藉誘惑性的歡娛吸引眼目，破壞人的純潔；牠又藉和諧的音樂試探耳朵，使人放鬆在妙韻之中，失去基督徒的警醒。」

五世紀初的著名教父奧古斯丁，當他在米蘭崇拜時，聽到美妙樂章，非常陶醉；一段時間後他突然警覺，問自己：「究竟這音樂使我更專注敬拜，還是偏離神？」這問題值得今日的基督徒再三反思。在考慮採用古典或現代音樂時，我們優先考慮的是甚麼？不是潮流趨勢，不是信眾喜好，而是能否幫助人專注敬拜神。不幸的是，今日經常聽到肢體對崇拜聚會的評價，是自己能否享受敬拜？個人能否從聚會中有所得著？必須緊記，討神喜悅才是敬拜聚會至高無上的目標。

重內心而非重形式

聖經使徒保羅教導：「當用詩章、頌詞、靈歌彼此對説，口唱心和地讚美主。」（弗五 19）歷代教會先賢大都認定，崇拜活動不能單有外表儀文，內心真誠的敬拜才是最關鍵、最重要的。正如主後二世紀的《革利免二書》（*Clementis Epistula II*）倡言：「我們獻上頌讚，不能單憑口舌，而是要由心而發，好叫上帝迎接我們作祂的兒女。」崇拜中的詩歌音樂，不論樂章旋律如何優美，歌詞的宗教意義如何豐富，唱者若沒有敬虔的心，沒有由心而發獻上讚美，一切盡都枉然。

在十六世紀的宗教改革家中，馬丁路德可說是最喜愛、最重視音樂的一位，他視音樂為僅次於神學的「尊貴恩賜」，是神所喜悅的讚美工具。然而在其《尊主頌》（*The Magnificat*）的評註中，他卻批評道：「今日教堂內竟有這麼多的打鐘、吹號、唱詩、喧嚷、歌頌的聲音，我怕連一點虔誠敬拜神的心也沒有了。」現代教會崇拜常見的問題之一，是把唱詩視為「熱身運動」，或是等候遲到者的「過場節目」；許多肢體唱頌時都只顧紓展歌喉，沒有細看歌詞，更勿論用心讚美。即使勤於練習的詩班，許多時也會陷入重視歌唱技巧，過於內心敬虔的危險。對大部分教會先賢來說，採用古典或現代音樂實為次要問題，最重要的還是音樂能否引發會眾用心敬拜。

■

對教會崇拜來說，重要的不是音樂這些外在形式，而是信徒羣體的心靈敬拜。古典聖詩和現代音樂各有特色，很難說誰優誰劣；正確的取捨原則和動機，才是教會必須持守的信念。

3 牧養模式

團契與細胞小組有優勝劣敗之分？

牧養模式是現代華人教會關注的其中一個重要主題。為求在這充滿競爭的年代取得有利條件，許多教會領袖均積極探索「成效卓越」的牧養體系，盼能藉此促進堂會發展與增長，他日可以擠身「成功」教會之列。昔日許多堂會均採用團契模式牧養；然而時代轉變，近年新的模式不斷湧現。眼見香港基督徒生活緊張、無暇聚會，九龍城浸信會採用結合團契與主日學功能的成長班；以主耶穌訓練十二門徒為榜樣，沙田浸信會積極推行G12小組模式；華理克（Rick Warren）馬鞍峯教會所實行目標導向牧養理念的成功，催使許多中小型教會爭相研習他的《標竿人生》（*Purpose Driven Life*）。回溯香港教會歷史，誘發這牧養模式探討的主要因由，當數八十年代細胞小組的出現。

細胞小組發展歷史

將小組教會牧養模式引進香港的是李樂夫（Ralph

W. Neighbour），他是現今細胞小組系統的先驅。一九八六至八八年李氏在其任職顧問的新加坡堅信浸信教會（Faith Community Baptist Church）推展家庭細胞小組，結果使該教會出現爆炸性的增長。一九八九年李樂夫應邀來港舉辦細胞小組教會研討會，會議引發王利民等一羣香港牧者的興趣。他們積極學習，且組織隊伍前赴新加坡實地考察，將有關理念與經驗帶回來。

香港最早轉型細胞小組教會的，是王利民的基督教牧鄰教會，該會於一九八九年即開始轉型。隨後還有陳恩明的觀塘潮人生命堂（現稱豐盛生命堂）、林以諾的阡陌社區浸信會、葉約但的堅尼地城浸信會、廖德漢的基督教佈道中心華恩堂和黎振滿的基督教福臨教會等。為團結力量、善用資料，這些小組教會於一九九四至九五年間聯合組成香港細胞小組教會網絡（Hong Kong Cell Church Network），促進設施、訓練材料和領袖培訓三方面的資源互用，強化堂會間的合作。

細胞小組信念特色

對華人教會來説，小組並非甚麼新鮮事物；按事工或功能需要而設立小組，如擴堂小組、聘牧小組、門徒小組、差傳小組、社關小組等，更是常見。然而在細胞小組的理念中，「小組教會」與「擁有小組的教會」是截然不同的。細胞小組教會的基本單位是七至十五人的小組羣體，它不是教會眾多活動之一，而是整體教會的縮影，內中有整全敬拜、相交、學道、禱告等功能，能滿足信徒各方面靈性上的需求。因此，細胞小組教會不需要再有主日學、門徒訓練、每週祈禱會等聚會，信徒只需專注投入小組活動，由小組長承擔牧養職責。原則上，細胞小組有四個主要功能：彼此建立造就、裝備組員事奉、向組外人士傳福音及擴大領導層。

為方便牧養和管理，小組教會多以年齡、性別或功能分區，由一位或多位區牧帶領及關顧各組組長；區牧可由平信徒領袖或教牧同工擔任，協助主任牧者將異象傳遞。為同心見證，小組教會多有類似傳統教會主日崇拜的慶典，不同小組的組員聯合一起讚美榮耀神。雖然香港各細胞小組教會皆有類似信念，但基於實際需要，其運作模式可有相當程度的分歧，百花齊放。

牧養模式選取原則

在全球各地教會，細胞小組牧養模式確有許多成功案例，除新加坡的堅信浸信教會外，薩爾瓦多的以琳教會（Elim Church）、哥倫比亞的國際靈恩宣教中心（International Charismatic Mission）、美國的伯大尼世界禱告中心（Bethany World Prayer Center）等，皆在轉型為小組教會後，堂會出現爆炸性的增長。然而，是否每間採用細胞小組牧養模式的教會皆如此成功？經驗證明現實並非如此。許多堂會轉為小組教會後，完全不見任何復興，部分更人數下滑。原因為何？要為堂會選取牧養模式，以下幾個原則值得參考。

1. 深入分析成敗因由：要分析各牧養模式的主要信念和特質，其成功因由為何？細胞小組的一個重要優點，是以小組為基礎。負責帶領和牧養的組長，和可供聚會的家庭，一般會隨人數增長而自然加添，可以不斷分裂增多，不太受牧者數目和教會用地等問題限制。然而若堂會本身暫時人手地方充裕，轉型小組教會在這些方面的優點便無法突顯。
2. 掌握信念活用形式：今日有教會一成不變地抄襲他人的「成功」範例，視每一環節皆為金科玉律。然而真理並非如此！例如李樂夫強調除細胞小組外，不應有其他如主日學等活動；無疑這可讓組員專心投入小組生活，但為善用資源、補足組長限制，有一些聯合性的講座或教導又有何不可？細胞小組教會網絡的成立不也有此作用嗎！牧養模式當批判性地被靈活運用。
3. 發揮生命善用工具：任何牧養模式都只是工具，更重要的是配合使用者。細胞小組其中一個要素是拆除架構上的限制，由主任牧者或領導團隊透過區牧和組長作屬靈領導。其特點是機動靈活；若高層領袖有屬靈洞見作智慧領導，堂會可急速發展；然而若領導乏力，堂會在沒有框架規範的情況下，可以比傳統教會下滑得更急更快。選擇牧養模式，必須先自我檢視，牧者的領導個性如何？信徒領袖願否投入事奉？現時會眾的組合怎樣？堂會應按照本身的處境和需要，有智慧地選取。

佈道策略 4

啟發課程比傳統佈道方法更具成效？

佈道是教會增長的重要元素，也是主耶穌所頒下大使命的具體實踐。歷來香港華人教會有許多佈道行動，有全港性、地區性、堂會性，也有個人性。全港性大型聯合佈道會，昔日曾盛極一時的葛培理佈道會和包樂佈道會，以及二〇〇七年底舉行的葛福臨佈道會，是其中的表表者。地區性福音行動，早年的彩虹佈道會，及近年的十八區遍傳，皆可歸入此類。至於堂會性的福音主日、佈道聚會、傳道訓練，更是多不勝數。而個人性佈道工具，三福、四律、五色珠等，皆曾為神所用，協助引領不少人歸主。而近年較為華人教會關注的，是兼具全港性、地區性、堂會性及個人性素質，且急速發展的啟發課程（Alpha Course）。

啟發課程發展歷史

啟發課程乃於二十多年前由英國倫敦聖公會聖三一布普頓堂（Holy Trinity Brompton Church）牧師馬恩漢

（Charles Marnham）創設，原初只為一個給教會會眾的基礎神學課程，後發展成為慕道者的信仰導引。一九九〇年甘力克（Nicky Gumbel）接手推動聖三一布普頓堂的啟發課程，並將之擴充修訂，發揚光大。一九九三年，首屆啟發大會於倫敦召開，標誌著課程已逐漸獲得不同堂會、不同宗派肯定，理念被廣泛傳揚。為配合不同羣體特色，啟發課程本身也有多元化的裁剪。原創地英國現時已有青少年啟發、學生啟發、職場啟發、軍人啟發、監獄啟發等不同發展。

香港的啟發雖流行只短短數年，亦已有少青啟發、大專生啟發和監獄啟發等多種類別。二〇〇七年四月在香港召開的全球華人啟發大會，是該課程於華人教會發展的重要里程碑。據報道，現時全球已有一百六十多個國家、三萬二千多家教會採用啟發課程，參與堂會橫跨聖公會、浸信會、長老會、循道衛理會、救世軍、五旬節會、宣道會和中華基督教會等不同宗派，譯成語言達七十五種，曾參與人數超過八百萬。

啟發課程主要特色

啟發課程以探索生命真義為口號，透過一連串共十五節講座，逐步帶出基督教信仰的精要內涵，例如：耶穌是誰？耶穌為甚麼死？怎樣確定自己信了主？為甚麼要讀聖經？為甚麼要禱告？神怎樣指引我們？教會是甚麼？……課程約十二人一組進行，時間日夜皆可。課前一般設聚餐時間，組員一同吃喝，建立關係；餐後簡短唱詩後，會有專題講座，若沒有現場講員，可借用甘力克的講座光碟；最後有茶點和小組討論，讓新朋友在毫無壓力的環境下自由發問，啟發信仰。除一般每週聚會外，啟發課程有一個營會或退修日，一次過探討三至四個專題；因此全個課程約只維持十一週。總結來説，啟發課程有五大精神，分別以ALPHA五個英文字母為代表：

A —— 啟發信仰、老少皆宜（Anyone Interest）
L —— 學無止境、歡笑滿堂（Learning and Laughter）
P —— 圍桌共膳、建立情誼（Pasta and Pudding）
H —— 互助互勉、切磋求知（Helping One Another）
A —— 自由發問、各抒己見（Ask Anything）

對於啟發課程的成功，全球華人啟發大會主席李炳光牧師，有準確精要的解讀：最主要的原因是以聚餐飲食的形式，透過輕鬆和諧的氣氛，與慕道朋友坦誠討論和分享基督教信仰，深入淺出地傳遞福音信息，加上友誼的關顧支持，在適當的時候讓未信者作出抉擇。

佈道方法選取原則

啟發課程是否比其他佈道方法成功？不能一概而論。筆者曾聽聞有舉辦啟發課程的教會，投放大量人力物力，開始時有數十位新朋友參與，但最後留在教會的只得寥寥幾人；若用同等資源以其他方式佈道，成效也許更高！那麼，教會在甚麼情況下當採用啟發課程？還是其他佈道工具更為理想？以下為幾個值得反思的選取原則。

1. 配合社會文化：啟發課程與傳統佈道法相比，主要特點是「柔性」，能避免「硬銷」之感。其優點是容易令人接受，缺點是緩慢，要耗用大量人手物資才能有效運作。課程最適合的對象是含蓄慢熱，喜愛獨立思考的文化羣體，這也是啟發課程發源地英國人的常見特性。若遇上簡單宣講已能有效收割的單純文化，如中國農村社會，啟發課程的耐心策略或可説是浪費心力。
2. 掌握時代變遷：同一城市在不同年代，也有文化素質的轉變。昔日香港基層人士較多，傳統的佈道方法如三福等，已甚見成效。然而，近年出現的種種風波，如九七金融風暴、政治互相爭拗、抗議遊行示威，皆提升市民對宣傳言論的警覺，人際互信減低。在傳統宣講式佈道漸見艱難的情況下，揉合見證、信息、交流於一身的啟發課程，便成為迎合現代香港大眾需要的產物。

3. 多元策略運用：每一社會皆有不同需要、不同特質的羣體。即使時代轉變，影響的都只是羣體組合與人口比例的轉移。香港社會不會因近年出現的種種變遷，而全部市民變成小心疑慮、不信人言。傳統的佈道方法，不論大型佈道會或個人福音策略，皆仍有一定受眾。教會應以諸般智慧，多元地運用不同策略，為神盡收禾田，叫一個也不失落。

4. 考慮教會資源：佈道策略需顧及教會可用資源。哪類佈道工具較配合現有信眾特質？堂會的地方、環境和財政怎樣？例如知識分子、中產階級多不喜歡硬銷式的福音分享，特別要「拋頭露面」的街頭佈道，若教會以此類會友為多，舉辦啟發課程或可吸引他們投入事奉。相反若是基層教會，資源耗費龐大的啟發課程，或許會造成堂會壓力。

5 宣教理念

福音最終應由華人傳回耶路撒冷？

主耶穌臨升天前頒下大使命：「所以，你們要去，使萬民作我的門徒，奉父、子、聖靈的名給他們施浸。凡我所吩咐你們的，都教訓他們遵守，我就常與你們同在，直到世界的末了。」（太二十八 19-20）自教會成立之初，福音即四處傳揚；只因自古至今許許多多的宣教行動，基督教會才得於今天在全球各大城市屹立。不論實踐情況如何，支持普世差傳始終是基督徒羣體的普遍共識。由於華人教會的宣教尚在起步階段，許多經驗和理論皆來自西方。真正源出自華人基督徒圈子的寥寥可數，其中較值得關注的，是近年相當活躍的傳回耶路撒冷運動（Back to Jerusalem Movement）。

主要信念

此運動是一個普世宣教的異象，倡議者對主耶穌大使命中「直到地極」一語有獨特的見解。他們相信這是一種地理上的進程，主耶穌頒下大使命的地點是耶路撒冷以東的橄欖山，福音順此方向往西傳播，從耶路撒冷開始，經西北方的猶大和撒馬利亞省，再傳到世界其他地方。聖經使徒行傳印證聖靈藉彼得、腓力和保羅等人，使福音火焰一直向西燃燒，遍及整個羅馬帝國。基督福音不斷向西傳播，正是此運動的核心信念。

為解釋其信念，倡議者進一步從宣教歷史找尋理據。他們指出昔日福音經撒馬利亞到達南歐，由此又依次往中歐、北歐和西歐推進；與此同時，又經地中海南岸的北非，往中非和南非傳開。此後，福音又繼續向西邁進，相繼到達美洲、太平洋島嶼、澳洲、紐西蘭及亞洲各國。二十世紀初，韓國、中國、菲律賓和部分東南亞國家相繼復興，他們相信福音要從這些國家繼續往西傳揚，經過中間印度、中亞、中東、北非等地，最後再傳回耶路撒冷。當福音如此環繞地球一圈，主耶穌會再次降臨。

按照上述理解，傳回耶路撒冷運動的焦點不是專向聖地裏的猶太人傳福音，而是承先啟後，完成中國基督徒接棒與交棒的使命。倡議者認定神給中國教會的呼召，是向中國至耶路撒冷之間的國家、民族傳揚福音，建立教會；當中包括回教、佛教和印度教徒聚居之地，全是福音硬土。

發展歷史

此運動最早見於一九二〇年代末，提倡者為中國本色教會耶穌家庭（Jesus Family），他們變賣田產家業，徒步將福音從中國帶到耶路撒冷。今日，主力推動這運動的，是一九三〇年代張谷泉（Zhang Guquan）創立的西北靈工團（Northwest Spiritual Movement），和一九四〇年代馬可（Mark Ma）組成的中國遍傳福音團（Chinese Back to Jerusalem Evangelistic Band）。他們雖然人數稀少，資源短缺，卻人人心裏火熱，不畏艱辛。成員多有非凡的屬靈經歷，甘願拋棄所有，為主而活。

時至今日，此運動仍在計劃與推展階段。二〇〇四年，首屆傳回耶路撒冷運動國際諮商會議於美國三藩市召開，重申確認向西宣教的異象。第二次會議於二〇〇六年在香港舉行，有來自多個國家的教會領袖出席；會議初步確定有關運動的方向和策略，更新合作關係，在招募、動員、訓練與差派各方面達成共識，並肯定中國教會在這任務上的重要角色。

評論回應

福音本是神的大能，要救一切相信的。任何傳福音的行動，不論何時何地，只要是忠於使命、順從聖靈而行，就當獲得肯定。傳回耶路撒冷運動成效雖未見顯著，但其成員的傳道心志和捨己精神，確實值得嘉許。然而，他們信念是否屬天真理、金科玉律？那就需要慎思明辨。若以此運動為神給有關羣體的特殊呼召，相信不會有人抗議；不過若説此乃神對普世教會的心意，那就值得商榷。從教會歷史角度評論，此運動的信念最少有下列三個問題。

1. 錯判使徒時期的宣教：該運動宣稱福音自大使命頒佈以來，一直向西傳揚，然而事實並非如此。福音由耶路撒冷傳到猶大和撒馬利亞，基本上是向北為主。使徒行傳雖記載保羅將福音向西帶到亞細亞、馬其頓、亞該亞及意大利，但其他使徒卻往四方八面走。歷史資料顯示，使徒多馬將福音東傳到印度，達太向北傳到屬現今土耳其的伊得撒（Edessa），馬可則南傳到北非的亞歷山太；福音東傳入華也極可能早於使徒時期已經開始。使徒不斷向西傳道之説，實非歷史事實的全部。
2. 有違西方教會的歷史：西方拉丁教會紮根西歐，十五世紀哥倫布（Christopher Columbus）發現新大陸，福音確實隨歐洲列強的地域擴充西遷至美洲。然而，這時期的海上探險並非單向西航；葡萄牙船隻沿海岸向東航行，於非洲、印度、東南亞多處建立殖民地，福音也隨之東傳。此時澳門撥歸葡萄牙，沙勿略和利瑪竇等著名傳教士相繼東來。至於太平洋島嶼、澳洲和紐西蘭，十八、十九世紀佔領此區的英國船隊，基本上是直接從歐洲向東南方航行至此，而非向西經美洲抵達。

3. 忽略東方教會的擴展：歷史事實證明，西方教會並非單向往西擴展；與此同時，東方希臘教會卻明確有向東北延伸的趨勢。現時稱為東正教的東方教會，原以現今希臘和土耳其一帶為基地；受著東南面回教勢力的威脅，東方教會惟有積極向東北今日保加利亞、羅馬尼亞、烏克蘭和白俄羅斯一帶東歐地區傳道。主後十世紀，俄羅斯君主弗拉基米爾一世（Vladimir I）歸主，定東正教為俄國國教，成為昔日福音向東傳播的里程碑。

綜觀整個宣教歷史，福音並非如傳回耶路撒冷運動所言單向朝西散播，相反是隨現實形勢往不同方向傳揚。宣教事工很重要的是隨從神的引導和安排，祂開啟哪扇門，傳教工作便往那裏去。若西方是神所預備，傳教士理應向西前往；若此刻神預備東方大門，傳教士若堅持西走，就未必是神所喜悅。

教會職分 6

「牧師」究竟是職分還是恩賜？

今日大部分華人教會均接受「牧師」職銜，打開《時代論壇》或《基督教週報》，聘請牧師的廣告接連不絕。然而，華人教會中亦有小部分宗派堂會反對此名稱，認為所指的只是一種恩賜。平安福音堂的信徒手冊《我們的教會》，就明言初期教會只有長老和執事兩種職位，牧師和教師都是恩賜；並批評牧師（Pastor）原文只有牧人之意，「師」字乃自行加上。究竟「牧師」是職分還是恩賜？教會採用此名稱是否合宜？這問題值得我們一再思想。

「牧師」職銜歷史源流

在基督教圈子裏，「牧師」一詞最早見於聖經以弗所書四章11節：「祂所賜的，有使徒，有先知，有傳福音的，有牧師和教師。」在早期教父著作中，牧師一詞並不普遍；相對地，教會常見的職分是監督（又稱長老）和執事。隨著人數增長，為協調統轄教會運作，單一主教制度於二世紀初開始出現，變成主教、長老和執事三級制的領導團隊。

重新採納「牧師」稱銜的，是十六世紀的宗教改革家。馬丁路德的《書信講台》（*Epistle Sermon*）申明「一個基督的牧師是神奧祕事的管家」。加爾文在《基督教要義》（*Institutes of the Christian Religion*）裏進一步解釋，由基督設立管理教會的，有使徒、先知、傳福音、牧師和教師五個職位，其中前三個是按時代需要而興起，而最後兩個則是教會常設的職務；對加爾文來說，監督、長老、牧師和教師這些名稱皆指教牧人員，意義分別不大。只因改教家反對羅馬公教視神職人員為神人間中界的聖品觀念，因此選擇放棄公教常用的聖職名稱，轉而採用較功能性的「牧師」稱銜，以便與公教區分。

「牧師」名稱正確理解

究竟聖經以弗所書所列的「牧師」應作何解？學者對這問題有兩個維度的爭議：牧師和教師是否等同？牧師是恩賜還是職分？由於聖經文本沒有明確答案，學者至今對其解釋仍存在分歧。然而若同時細察早期教會文獻，問題將可獲得較確切的答案。源遠流長的《十二使徒遺訓》，對教會信眾有如此訓示：「因此當為你們自己推選配為主用的人為監督和執事，就是溫柔、不貪財、真誠，且曾被試驗的；因為他們亦為你們執行眾先知和教師的職務。所以不可輕視他們，因為他們連同眾先知和教師，都是你們中間當受尊崇的人。」這段文字敍述了主後七十至一百年初期教會的實況，其內容反映兩個事實：

1. 牧師和教師並非全然相同：學者質疑以弗所書所列的牧師和教師為對等，原因是獨這兩個名稱以連接詞聯繫，只有第一個附有定冠詞，即「那甲和乙」之格式。按照希臘文文法規則，這反映前後兩詞指同一人物；若指不同對象，格式應為「那甲和那乙」。然而，經文中的牧師和教師皆為複數；上述原文規則應用範圍主要在單數名詞，其能否適用於複數至今仍然存疑。值得留意，上述遺訓中的「先知和教師」，原文格式與以弗所書的「牧師和教師」完全相同。從新約多處經文可知，先知並不同於教師（參林前十二 28）；由此類推，這種兩個複數名詞只附一個定冠詞的格式，並不能反映牧師等同教師。聖經學者林肯（Andrew T. Lincoln）和布賴恩（Peter T. O'Brien）皆相信，此格式只暗示兩者的功能緊密關聯，所有牧師皆施教導，但非所有教師皆為牧師。
2. 牧師跟教師類同皆為職分：若單從以弗所書有關經文的上文下理推斷，「牧師」解作恩賜確甚有可能，但視為職分亦非不可。從上述遺訓中「先知和教師」跟「監督和執事」的平行對比，可清楚顯示前者跟後者一樣同為職分，且比之更早存在、更受尊崇。既然教師是當時公認的職分，而聖經又將牧師與之平行並列，初期教會有「牧師」這職分的機會就不容忽視。事實上，教父如屈梭多模（John Chrysostom）和耶柔米（Jerome）等，在解釋該段經文時，皆視牧師為固有的職位。說這名稱只為一種恩賜，實無法正確反映早期教會文獻帶來的啟迪。然而，即使當時有此職分存在，其角色和選立是否與現今相同？那就很值得商榷。

教會職分選取原則

話得說回來，確定初期教會很可能有牧師這職分又如何？難道聖經沒有的名稱，今日就不能採用？環顧現代華人教會，非出自聖經的職銜舉目皆是，如會督、會吏、會佐、值理、堂委、部長、幹事、堂役等。在事奉職位名稱的選取方面，我們有以下兩個原則：

1. 使徒教會純是歷史先例：聖經並未有將使徒時期的教會定為後世必須跟隨的模範。相反，聖經清楚展示當時教會的種種缺點，有歸回律法之下，有亂求聖靈恩賜，也有分門結黨。同時，各處教會亦存在一定程度的分歧。長老和執事純是使徒當時借用的名稱，既非主耶穌所命定，使徒們亦沒有規範後世教會必須跟從。詮釋者應分辨哪些是歷史事例，哪些是規範性要求；若錯判使徒教會為標準模範，那麼現代信徒就當辭去所有職務，變賣家業，天天到教會擘餅祈禱了！

2. 職位要配合時代和需要：使徒行傳執事的設立，明顯是因教會實際運作需要，好能更有效處理膳食分配問題。「執事」原文有服事、協助、執行的意味，是當時希羅世界通用的名稱，這詞正切合執事原初的職務。後來早期教會因著現實需要，亦不斷增添其他職位，如副執事、讀經員、領詠員、守堂員等，以輔助教會的牧養、禮儀和行政工作。今日教會設置事奉職銜，重要的是配合現實需要，合宜取捨。當然為便於堂會溝通，避免誤解，所用名稱最好能在基督教界具一定認受性。然而若真找不著合適職銜，採用預先清楚定義的名稱也無不可。

7 政教關係
香港教會反對二十三條立法是否有違政教分離？

二〇〇三年七月一日，逾五十萬香港市民在烈日當空下遊行示威，表達對當時特區政府施政的不滿。雖然當中原因甚多，但《基本法》二十三條的立法，毫無疑問是最受關注的焦點所在。相比其他社關行動，香港基督宗教團體在反對這次立法上顯得異常積極。究竟因何教會有如此強烈回應？這政治事務的參與，有否違反許多新教羣體倡議的政教分離原則？

香港教會反對二十三條立法的參與

香港政府於二〇〇二年終開始提出二十三條立法的諮詢，此時即有基督教團體和領袖在報章上發表聯合聲明，表明「憂慮現時就《基本法》第二十三條立法，難以保障香港人的基本權利。因此，我們反對特區政府在現時缺乏有效民主制衡機制下，進行有關《基本法》第二十三條的立法。」在法例諮詢期間，香港共有十九個基督宗教團體向保安局遞交意見書，表達對條例的憂慮。

當政府扭曲民意，強行立法時，香港許多基督宗教團體即聯署呼籲參與七一祈禱遊行，並解釋「香港目前的行政長官和立法機關並非由全民普選產生，在沒有穩固民主基礎下進行有關國家安全的立法，將會動搖香港的法制根基，嚴重打擊香港的新聞自由、言論自由、結社及集會自由、宗教信仰自由。」七一遊行當日，大量天主教徒、基督新教徒井然有序加入遊行，其數目之眾實在歷年罕見。

香港教會反對二十三條立法的緣由

從前述基督教羣體的聲明可見，教會人士在反對立法的同時，每每會強調香港現政權缺乏民主制衡。換言之，一個缺乏監控、未能取信於民的政權，與尚未完善、有機會被濫用的法律，是不能同時並存的。香港教會積極反對二十三條立法，除部分人士所宣稱維護人權自由等因素外，過去和現在基督教羣體受中共壓制的痛苦經歷，使教會無法信任政權，亦為不可忽略的潛在因素。

馬克思主義明言宗教是「人民的鴉片」，自始中國共產黨即以負面態度來對待宗教，特別是源自西方的基督教，更被指為帝國主義侵華的工具。一九四九年中華人民共和國成立後，基督教會即遭遇一浪接一浪的打擊。堂會被當權者以合併之名大幅縮減，由立國時的二萬，銳減至一九五八年不足一百；教會領袖如王明道、倪柝聲等紛紛被捕入獄。文革期間迫害更見嚴厲，教堂全遭破壞或佔領，聖經書刊被焚燒，大量基督徒被迫害至死。一九七八年中共中央十一屆三中全會後，毛澤東時期的極左路線被糾正，但基督宗教並未因此得到真正的自由，政權仍積極以統戰、打壓和操控手段對待教會。香港陳日君樞機就曾清楚表達其對內地宗教政策通到香港的憂慮：「大陸的宗教政策是怎樣的？國內的宗教政策是『絕對控制』，對不絕對服從的嚴厲懲罰，任意迫害。」

再說，中共一向如何解讀法律條文？一九四九年的《中國人民政治協商會議共同綱領》聲明「中華人民共和國公民有……宗教信仰及示威遊行的自由權。」一九八二年第五屆全國人民代表大會通過的《中華人民共和國憲法》，同樣列明「中華人民共和國公民有宗教信仰自由」。然而實際執行的情況怎樣？限制和操控還是從不止息，憲法上的保障只可按當政者意思解讀。在一國兩制原則下，二十三條若立法不當，很容易會成為中共政策轉到香港的橋樑，成為當權者壓制異己的工具。大律師梁家傑就曾指出，法例草案中「叛國」、「顛覆」和「分裂國家」等政治罪行均定義模糊，使有關法例能隨當政者所欲，淪為統治工具。素來被中共負面看待的基督宗教，對此又如何能不憂心焦慮？

反對立法有否違反政教分離原則？

政教分離原則強調將教權與政權分開。過去許多人對此誤解，以為教會因此就不宜談論政事，不應牽涉在任何社會議題之內。為此不少教會只注重傳福音，對社會問題如賭波合法化等，以極低調的態度處理，有些甚至避而不談。然而若我們檢視歷史，會發現許多教會先賢為爭取社會公義而不斷努力，他們當中許多是來自持守政教分離原則的宗派；例如黑人民權領袖馬丁路德金，就是一位浸信會牧師。事實上，政教分離信念的產生是有很強的歷史因由。當知道馬丁路德的宗教改革，一開始即受到羅馬教廷透過政權的強力壓迫。政教分離所反對的，是你我不分、互相依附的政教合一，強調教會不應藉政權對付異己，也不應成為政權利用的工具。

持守政教分離，並不等於不關心社會政事；相反，作為神在世上的光，教會更應就社會上的不義或危機發出先知性的呼聲。以高舉政教分離原則聞名的美南浸信會聯會，就曾於一九二五年發表《浸信會信仰與信息》（*Baptist Faith and Message*）宣言，表達其承擔社會需要的理想，鼓勵信徒在堅守信仰的原則下，積極以諸般智慧，運用各種途徑參與社會事務。當中明確聲明：「每一位基督徒均有責任使基督的主權彰顯在自己生命和人類社會之上。……供應孤寡者、年老者、無助者和病患者；努力引導整個企業、政府和社會，步向公義、真理和仁愛的原則。」值得留意，此宣言除現代華人教會經常強調的慈惠事工外，亦強調要引導國家社羣邁向真理，好使人類社會更趨美善。

香港華人教會反對《基本法》二十三條立法，目的是維護社會公義與自由，避免尚未完善的法例成為當權者壓制異己、操控言論的工具，避免國內缺乏自由、諸般限制的宗教政策有機會施於香港，重蹈昔日中國教會的覆轍。此行動不單沒有違反政教分離原則，且是其精神理念的具體實現。

社會關懷 8

教會對性傾向歧視條例立法的爭議何在？

二十世紀六十年代，性革命開始在西方爆發；至今短短數十年，性解放思潮已逐漸成為現代社會文化主流。因著傳媒的色情渲染，性學者的出位言論，並同志羣體、性工作者等的極力爭取，香港傳統的貞潔觀念受到嚴重衝擊。婚前性行為、婚外情、離婚等問題愈來愈嚴重。娼妓合法化、降低肛交合法年齡等訴求相繼被提出；而眾多由近代性革命引發的議案中，性傾向歧視條例立法可說是最具爭議性，又辯論得最激烈的一個議題。

性傾向歧視條例立法歷史發展

早在一九八四年中英兩國簽署聯合聲明時，人權自由已成為香港社會關注的議題。六四事件後，港英政府於一九九〇年初制定《人權法案條例》，聲明該條例有權廢除任何原來不符合人權公約的條款；隨之，昔日視同性戀為刑事罪行的條文被廢除，同性戀非刑事化於一九九一年獲得通過。

雖然《人權法案條例》訂明人人皆享有各種權利，無分種族、性別、宗教、階級、出生等；但條文並未有清楚列明性傾向。一九九四年胡紅玉以私人名義向立法局提交《平等機會條例草案》，要求全面禁止包括性別、婚姻狀況、懷孕、性傾向、家庭責任、殘疾、年齡、種族、宗教或政治信念等多個範疇的歧視。惟港府為免影響過大，造成種種社會問題，只拋出《性別歧視條例》和《殘疾歧視條例》。結果兩條例順利獲得通過，胡紅玉的私人草案則全遭否決。一九九六年港府就性傾向及家庭狀況歧視作公眾諮詢；由於民意反對，港府表示不會立法禁止性傾向歧視，但會加強教育，並資助推廣平等機會。

二〇〇〇年九月立法會選舉，同志組織推介五名「親同志」侯選人，結果五人全部當選。三個月後，立法會民政事務委員會再次討論性傾向歧視問題，當日出席者多屬親同志團體之代表，他們要求盡快立法禁止性傾向歧視，並承認同性伴侶的合法地位。民政事務局則以缺乏民意為理由，暫緩處理有關訴求。當日會議同時協議成立研究性傾向歧視問題小組委員會，由何秀蘭任主席，成員包括劉慧卿、陳偉業及蔡素玉。

事隔數年，該小組於二〇〇四年建議政府再就性傾向歧視問題進行公眾諮詢。二〇〇五年十月民政局委託私人公司進行「市民對同性戀看法」的電話意見調查，結果顯示支持與反對雙方各有相當比率。雖然是次民調的中立性備受質疑，但亦清楚顯示市民對性傾向歧視立法的抗拒日益減少。基於民意分歧，特區政府決定暫時不提出立法動議。然而若民意持續偏傾，在親同志羣體的不斷催促和壓力下，重提甚或通過有關立法將是難以避免的未來發展。

性傾向歧視條例立法雙方論點

這次性傾向歧視條例立法的爭議相當複雜，莫論同志羣體所提出的理據，就是基督教會內也有不同聲音。支持立法的認為教會是愛的羣體，應包容接納那些備受歧視的同性戀者，保護他們免受進一步傷害；性傾向歧視條例的立法可具體保障他們，是社會公義的彰顯，所以應當支持。此外，支持立法能向同志羣體表示友好，方便建立分享福音信仰的渠道。況且，立法已成時代趨勢，與其因反對立法而被孤立，倒不如積極參與，共同制定更完善的條文。反對立法的則強調同性戀有違聖經真理，立法不單助長性解放思潮，傳達同性戀乃常態的錯誤信息，還有機會造成逆向歧視；將來教會或許不能持守信仰，不能再教導説同性戀是罪惡，更可能要被迫作出如按立同性戀牧師、為同性戀者舉行婚禮等事情。

雖説支持立法者有一定理據，但反對一方亦有許多實例支持。加拿大有具臨床輔導資歷的中學教師，因撰稿質疑同性戀的生命方式而被投訴，結果被公開譴責及停職。瑞典有五旬宗牧師因在講道中以「不正常」來形容同性戀，結果被法院判處入獄，雖然最後於上訴庭得直，但已大受折磨。雖然香港並未完成有關立法，但類似行動已一再出現。香港紅十字會參照國際標準拒絕男同性戀者捐血，同志團體卻於二〇〇一年趁該會舉辦公開活動而到場示威。二〇〇五年旺角榆林書店拒絕擺放一些宣傳同性戀的刊物，不久即被一批支持同志人士闖進書店擾亂。雖然上述事件並不能説完全屬單方面責任，但誰能確保性傾向歧視條例不會被濫用而成為壓抑異見者的工具？觀乎二〇〇五年民政局的問卷調查，現時香港性傾向歧視情況並不嚴重。評估雙方理據，並過往經驗，筆者如今對立法仍甚有保留。消除歧視，立法並非最佳途徑！

教會當如何回應潮流性文化？

面對日益擴張的性解放文化，香港教會應如何回應？以下有三方面建議：

1. 積極作出回應：不要以為專於教會牧養就可免受衝擊，覆巢之下、豈有完卵！今日教會牧養和傳道的對象，就是處身社會文化的市民；文化思潮改變，教會亦不能獨善其身。二〇〇七年初兩期《中大學生報》被評為不雅，卻惹來大量支持性解放人士投訴聖經。逃避或被動並不能解決問題，教會必須正視香港性革命的發展，積極認識，勇於回應，引導潮流文化朝更正確的方向邁進。

2. 清楚辨明原則：當教導信眾面對同性戀者、性解放人士應有的原則和態度。按照合理詮釋，聖經並不認許同性戀行為。然而，「神恨惡罪卻愛罪人」這原則卻要堅持。同性戀者雖有不足，但誰能無過？教會應盡量本著神愛世人的信念接納同性戀者。惟有包容與愛心，才能協助及引導對方離開現有的同性戀關係，重過合神心意的生活。

3. 善用時代信念：今日社會著重人權自由，反對任何歧視，強調要扶助弱勢社羣。教會要抗衡現代性解放文化，絕不能執持聖經、以權威姿態出現；相反必須努力獲取社會支持。可考慮以理性平和地解釋立場，指明同志團體已獲普遍支持，相反持異見者才是常遭批評和欺壓的弱勢羣體。基督教既已廣泛被定性為保守勢力，為免教會被焦點攻擊，基督徒可選擇分散用不同身分，如父母、教師、醫生等，發出本身界別的呼聲。更重要的，是在選舉事務上慎思明辨，投票選擇持守公義、不盲從性解放的議員，代表市民發出真理的聲音。

9 苦難應對

歷代先賢如何解釋非典型肺炎、南亞海嘯等災難？

苦難是人類無法逃避的問題，生老病死、天災人禍。在人的一生中，難免會遇到一些不願碰上的禍患。基督徒雖得蒙救恩，但神並沒有應許天色常藍。在教會裏，傳出意外、疾病、死亡等令人遺憾的消息，雖難說是家常便飯，但亦絕非罕見。基督教若無法妥善回答苦難這問題，就很難向世人證明神的全能與美善，也難安慰心靈受創的肢體。對香港人來說，近年最難忘的苦難災禍，當數二〇〇三年初的非典型肺炎，和二〇〇四年末的南亞海嘯。

苦難的挑戰及常見的解釋

在基督教尚在萌芽之時，一世紀羅馬哲學家盧紀丟（Lucretius）挑戰說：「神或願意除掉惡，卻不能；或祂能，卻不願意；或祂既不願又不能；或祂又願又能。如果祂願意而不能，則是無能，不符合神的性格。如果祂能卻不願，則並不善，也非神。如果祂既不能也不願，則祂既無能又非善，絕不會是神。若祂願意而且能夠，就符合神的定義，但又何以有罪惡產生？祂為何不除掉惡？」當時盧紀丟所提述的惡，除了人間的罪行外，還包括世人所遭遇的苦難。

香港過去幾年遇上大小天然災禍，也有人質問神為何容讓這些不幸臨到？審判很多時是基督徒會拿來回應的答案。非典型肺炎爆發不久，很快就有電郵於網上散播，指肺炎於沙田威爾斯醫院爆發，皆因當年初何志平局長往同區的車公廟求籤所至，瘟疫乃神對基督徒敬拜假神的懲罰。南亞海嘯災難發生後短短數日，又有網上傳言，指海嘯衝擊的國家全都信奉異教，印尼是全球最多回教徒的地方，泰國和斯里蘭卡人民多信佛教，而印度人民則以印度教徒為主，海嘯是神對這些拜偶像國家的懲罰。

然而細心思想，這些答案會否太過簡單？若非典型肺炎是由何志平而起，那麼他本人為何沒有患病？若海嘯是神給異教徒的懲罰，為何死難者當中也有不少基督徒？對這些大災難，較合宜的回應應該怎樣？昔日教會先賢的言行，或許可給我們一點啟迪。

昔日教會先賢作出的回應

面對苦難，歷代先賢有許多不同解釋。身處基督教大遭逼迫時期，目睹許多聖徒壯烈殉道的初期教父俄利根，認為苦難是神的祝福，幫助人靈命成長，邁向至善。驚駭於羅馬帝國被蠻族入侵的奧古斯丁，強調苦難、罪惡是善的虧缺，源於人類墮落，就是當初始祖對自由意志的誤用。他們都從神哲學的角度作出回應。

宗教改革時期，改教家馬丁路德身處德國的威登堡（Wittenberg），一五二七年該處遇上嚴重瘟疫，全城陷於恐懼之中；當時社會普遍傳言相信災禍乃源自「神的憤怒與審判」，許多人因此四散逃離該城。相反，路德卻堅決留下，照顧患病者，安慰恐慌的市民。在一封談論這次瘟疫的信中，路德沒有就災病的來源多作探究，他雖承認這是神對我們犯罪的懲罰，但卻更強調神要藉此試驗基督徒的信心和愛心，叫我們學習如何信靠祂。路德指出「好牧人為羊捨命」，在災難中牧者不應撇下羊羣、自己逃生，相反應當留下以聖道和聖禮牧養和堅固災民。

經歷二次大戰的近代德國神學家莫特曼（Jürgen Moltmann），他曾目睹自己家鄉漢堡（Hamburg）被英軍空襲，死傷數以萬計；他亦曾以戰俘身分囚於集中營，感受到不少受苦絕望的經歷。對莫特曼來說，面對苦難的重點，不是去尋求無法確知的解釋，而是使受災者重燃希望。在這方面，莫特曼的答案在於那位十字架上的上帝；祂為人的緣故甘願受苦犧牲，為人類帶來末世的盼望。當受苦的世人被這位慈愛的上帝擁抱，就能克勝現世的苦難，超越歷史的限制，將絕望化為希望。

今日教會當如何面對苦難？

回溯昔日教會先賢對苦難的回應，會發現焦點逐漸由理論轉到實踐，由問「為何」轉至「如何」。這可給我們幾點提醒：

1. 切勿急求解答：災難的解釋許多，不要急求簡單答案，更不要輕易論斷受災者是遭神懲罰；這類解釋只會增添受災者的傷痛，帶來苦毒與仇恨。聖經清楚明言：「我們知道一切受造之物一同歎息、勞苦，直到如今。」（羅八 22）苦難是人類共通的經驗，並沒有分好人與壞人、信徒與非信徒。在神的全能和主權下，我們只有無言順服，相信神有美好旨意。
2. 獻出基督真愛：信仰中惟一可勝過苦難的是耶穌基督，這不是一個理性的答案，而是三一神愛的彰顯。作為基督的門徒，我們當參照馬丁路德的教導，與災難者同行，為他們帶來安慰與盼望；重建心靈，鼓勵他們將眼目放在主耶穌基督身上，在苦難中經歷從神而來的愛和醫治，靈命得著更新。
3. 應多自我反思：苦難的出現，不是叫我們笑罵別人，而是要自我檢討。耶穌時代，有到耶路撒冷獻祭的加利利人被屠殺，猶太人傳言指這些人定必犯了滔天大罪，所以惹神震怒；主耶穌卻糾正他們：

「我告訴你們，不是的！你們若不悔改，都要如此滅亡！」（路十三 3）作為基督徒，我們是否只強調神恩慈，不敢言說祂的公義？在災難面前，我們應反省為何平日沒有好好反省生命？是否已心靈麻木？重點不是要論斷別人，而是要提醒自己、勉勵自己。

謬論挑戰 10
「達文西密碼」是新發現？

《達文西密碼》（*Da Vinci Code*）是一本暢銷懸疑小說，盤踞《紐約時報》暢銷排行榜榜首高達七十多週，且已拍製成電影，於全球各地上映。雖然此書只是一本推理小說，但其真假交錯的編排，及敍事文學的渲染力，卻衝擊著基督宗教的核心信仰，使人對教會的宗教傳承感到疑惑。為撥亂反正，許多揭示《達文西密碼》錯謬和虛假的書籍相繼湧現，當中被譯成中文的，有《達文西密碼真相》和《達文西密碼的虛幻世界》等。

《達文西密碼》的主要立場

按照《達文西密碼》的敍述，耶穌基督只是一位先知，祂且結過婚，妻子就是抹大拉的馬利亞。耶穌欽點她來領導教會，可惜此舉招來使徒彼得妒忌；耶穌被釘死後，馬利亞因懼怕彼得而逃往法國，並且在這裏生下耶穌的女兒。這耶穌的血脈一直祕密延續；

到五世紀，家族更與法國皇族通婚。然而，羅馬天主教為求鞏固自己勢力，不斷壓迫他們，努力摧毀一切記載馬利亞生平事迹的記錄。不過，教廷的詭計始終無法得逞。一代代尊重事實真相的虔誠信徒，包括中世紀的聖殿武士團和後期的錫安會，努力將印證此史實的文件保留。他們運用密碼符號來將真相傳遞，以聖杯代表馬利亞，以聖血代表耶穌與她的後代。而錫安會成員達文西的「蒙娜麗莎的微笑」和「最後的晚餐」等作品，正正就隱藏了這指向抹大拉馬利亞的女性崇拜之密碼。

《達文西密碼》的成功因由

《達文西密碼》所以能暢銷世界各地，除作者的精細佈局和劇情緊湊懸疑外，亦迎合了多個時下潮流的品味。在後現代的社會裏，權威被視為對弱少邊緣羣體的壓制；天主教在昔日擁有令許多君皇降服的大權，今日成為被攻擊的對象自然在所難免。相反，過往一直處於邊緣地位的女性，卻隨著婦解運動而獲得地位上的提升；書裏高舉的女性崇拜，正與此趨勢吻合。此外，符號象徵亦滿足了現代人的好奇心理，愛從非正式途徑了解事物。這些「悅人耳目」的元素，再加上作者真假混雜的鋪排，和看似學術的包裝，使得此小說極具吸引力和渲染力，成為基督信仰的時代挑戰。

《達文西密碼》的歷史評論

有關《達文西密碼》歷史資料虛假的線索，實在多不勝數。例如作者聲稱巴黎羅浮宮外的金字塔，剛好由六百六十六片玻璃建成，但根據羅浮宮官方網站，金字塔實際是用了六百七十三片鑽石型玻璃。書中提及聖經正典是由君士坦丁皇帝於四世紀的尼西亞會議中以武力編成，但古代教父的著作明確顯示，新舊約經目早於二、三世紀已逐步形成，其中四福音的正典地位從未受到質疑。全書最關鍵的立場，是耶穌基督與抹大拉馬利亞的夫妻關係；然而新約聖經和初期教父全都見證主耶穌並未有結婚，且常強調教會是基督的新婦。在眾多早期教會歷史文獻中，獨有《馬利亞福音》（*Gospel of Mary*）和《腓力福音》（*Gospel of Philip*）曾暗示主耶穌與抹大拉馬利亞關係密切，然而兩書皆沒有明說他們二人有夫婦關係。此外，這兩份著作與最新發現的《猶大福音》（*Gospel of Judas*）一樣，都是後期二、三世紀的諾斯底派偽著，並非由目擊證人所寫；這種冒名虛構的著述在古時相當普遍。相較早於一世紀中期編寫的四福音，這些偽經的可信程度極低。

事實上，《達文西密碼》所提出的見解並非甚麼新發現。根據《馬利亞福音》和《腓力福音》這些古典偽著大造文章的早已存在，幾年前上映的《基督最後的誘惑》，和控告《達文西密碼》抄襲的《聖血與聖杯》（*The Holy Blood and the Holy Grail*），便是人所共知的典型例子。至於藉探索密碼符號勾起讀者好奇心的作品，近年便有流行一時的《聖經密碼》（*Bible Code*）。可以預期，類似著述或言論會在未來日子繼續湧現，坊間對《猶大福音》和「耶穌墓穴」的誇大論述便是一些典型例子；基督徒應對教會歷史有所認識，好迎接這一浪接一浪的挑戰。

中英對照索引

1. 人物

二劃

四劃

五劃

六劃

七劃

八劃

九劃

十劃

十一劃

十二劃

十三劃

十四劃

十五劃

十六劃

十七劃

十八劃

十九劃

2. 宗派、堂會、教會機構

二劃

四劃

五劃

六劃

七劃

八劃

九劃

十劃

十一劃

十二劃

十三劃

十四劃

十五劃

十七劃

十九劃

二十劃

二十四劃

3. 主題、文獻、地方

二劃

三劃

四劃

五劃

六劃

七劃

八劃

九劃

十劃

十一劃

十二劃

十三劃

十四劃

十五劃

十六劃

十七劃

十八劃

二十劃

二十一劃

二十二劃

二十三劃

二十四劃

《時代論壇》簡介

創辦於一九八七年的《時代論壇》，是一份應時代需要而出版的週報，由一羣對香港教會有承擔的牧者及信徒所發起，主要目標是在這急速轉變的時代中，提供時事和社會分析，輔助信徒洞察時變，積極回應時代的需要，發揮基督徒先知的責任；同時希望能建立資訊網絡，迅速傳遞信息，並促進教會彼此聯繫、建立共識、互相支援。

《時代論壇》創刊時，其角色和使命都十分清晰，它從來就不是市場主導的產物。在無休止的紛爭、矛盾和負面的資訊世界中，《時代論壇》仍舊以單純的信念，理性的思辯，以耶穌基督的心為心，用心去報道及評論，並提供互動空間，彼此豐富和勸勉。

《時代論壇》由任志強博士任社長，逢星期日出版，印刷版及網上版(網址：http://christiantimes.org.hk)同步發行，讀者超過四萬人。

「每個時代，都需要屬於自己的論壇；每個論壇，都需要緊貼身處的時代，推動這個世代胸懷世情，擁抱真理，重視真相，嚴謹思考，正視分歧，尊重對話。香港社會正經歷關鍵時刻，世界正面對嚴峻挑戰，信徒羣體也聽到更大的誘惑聲音。《時代論壇》邁向創刊三十週年，盼望你我同心同行，在疾風中企硬，在戍樓上匯聚眾聲，互相守望。」(任志強，〈社長的話〉，載於《時代論壇》網站)